- EVIL JOKES -
REIHE

Imprint

EVIL MOVE

- Partyspiele für ERWACHSENE -

created by
Wes Moriarty
Moriarty-Self-Publishing

Copyright: © 2020 Wes Moriarty

Herstellung und Verlag:
BoD – Books on Demand, Norderstedt

ISBN 9783-75043-6763

MIX
Papier aus verantwortungsvollen Quellen
Paper from responsible sources
FSC® C105338

Moriarty-Self-Publishing

Weitere gesundheitliche und rechtliche Hinweise:

Die Inhalte dieses literarischen Werkes dienen weder der Glorifizierung, Befürwortung noch Motivation zur Diskriminierung, Diffamierung, Diskreditierung, Verübung von physischen oder psychischen Gewalttaten gegenüber Lebewesen und/oder Objekten bzw. Institutionen. Sowohl die Darstellung der Handlungen, Standorte als auch die darin agierenden Personen sind rein fiktiv. Etwaige Bezüge oder Parallelen zu noch lebenden Personen wären somit rein zufällig. Sofern Sie unter einer posttraumatischen Belastungsstörung oder vergleichbaren Erkrankung leiden sollten, empfehlen wir zugunsten keiner Gefährdung Ihrer psychischen Gesundheit vom Lesen oder Hören dieses Werkes abzusehen. Sollten Sie während der Informationsaufnahme eine negative Verhaltensveränderung oder Beeinträchtigung Ihres Gesundheitszustandes erkennen, deren Ursprung Sie unmittelbar aus den Inhalten dieses Werkes ableiten, empfehlen wir ebenfalls von einer Fortführung des Konsums abzusehen und sich sofort um ärztliche Hilfe in Ihrer Region zu bemühen und diese in Anspruch zu nehmen. Leiten Sie bitte für sich oder andere keine Handlungsempfehlungen aus den fiktiven Inhalten dieses Werkes ab.

Inhalte und Ausprägung:

Kategorie	Ausprägung
Gewaltdarstellung	■□□□□□
Schimpfwörter / Beleidigungen	■■■□□□
Diskriminierung / Diffamierung	■□□□□□
Sexuelle Inhalte / Anstößigkeiten	■■□□□□
Verstörende / Angstfördernde Inhalte	■□□□□□

Die soeben genannten Hinweise bieten keine Rechtsgrundlage für etwaige Ansprüche wie Schadensersatz, Rücknahmen eines oder mehrerer erworbener Werke oder Kaufpreisrückerstattungen jedweder Art und Umfang. Weiterhin sind die Inhalte dieses Werkes urheberrechtlich geschützt und erlauben ohne schriftliche Genehmigung des Urhebers keine öffentliche Lesung/Vorführung, Übersetzung, Speicherung, Vervielfältigung und/oder öffentliche Zugänglichmachung jedweder Art und Form. Urheber und Herausgeber übernehmen keine Haftung für Schäden an Personen, Sachen oder Vermögen, die aufgrund von Informationen, welche durch dieses Werk bereitgestellt werden, direkt oder indirekt entstehen.

Werkspezifische Anmerkungen und Appell:

Der in diesem Werk enthaltene Humor ist mannigfaltig. Was lustig ist, wann man lachen darf oder wieso, ist eine Freiheit, die jedem Menschen innewohnt. Lachen verbindet Menschen auf der ganzen Welt. Es ist unparteiisch - durchbricht oftmals selbstauferlegte Barrieren. Witze regen dazu nicht selten zu Diskussionen an - eröffnen neue, individuelle Perspektiven. Sie sind auch ein oftmals eingesetztes Stilmittel für offene Kritik. Manchmal provozierend, nicht selten polarisierend, beziehen sie kurzweilig und selbstzweckhaft Position, ohne wirklichen Schaden verursachen zu wollen und begeistern dabei die Massen. Es wäre somit falsch, über irgendwen oder irgendwas keine Witze zu machen, um Missstände in der Gesellschaft aufzudecken. Lachen ist gesund und ein elementarer Bestandteil einer jeden / unserer Kultur. Unterstützen Sie diese, unsere Freiheit und urteilen Sie nicht zu vorschnell.

Widmung

Ich widme dieses Buch allen

Bekloppten, betroffenen und ungetroffenen, angesprochenen und unausgesprochenen Witzbolden und Humorlosen, sowohl inländischen und ausländischen Narren und Närrinnen, Kuckucks-Kindern und männlichen/weiblichen/diversen Fremdschäm-Charakteren, Heilpraktikern, Priesterinnen und Priestern, Gottesfürchtigen und Gottlosen als auch sexuell un- wie umorientierten Rekapitulierten sowie Transgender-Transistoren, Monteuren für Heizungstechnik, Judi-, Legislativ- und Exekutiv-Gewalten, dem Detlef, Fastfood-Mitarbeitern, dem Hund und der hohen Kammer aus John Wick, allen regulären und irregulären Ramses-Anhängern, der öffentlichen Vergewaltung, insbesondere dem Sandmännchen, allen potentiellen Nicht-Arbeitgebern, Verrückten und geistig Privilegierten, radikal Versäumten und Besoffenen, wie auch Beschnittenen und Geritzten (sucht euch bitte Hilfe), Kuschel-Rock-Hörern und anderen Musik-Minderheiten sowie regulären und irrregulären Verhaltensträgern, Voll- wie Teilzeit-Idioten und natürlich ganz besonders mir selbst...

- Danke für viele liebevolle gemeinsame Jahre -
Ihr lebt in uns allen

Vielen Dank und gute Unterhaltung
wünscht

Inhaltsverzeichnis

EVIL MOVE

Zum Buch

EVIL MOVE soll einfachen Spielspaß für ERWACHSENE bieten. Hierzu wurden fünf gänzlich neue, innovative Spiele entwickelt, die mit geringer Vorbereitungszeit für eine unbegrenzte Anzahl an Spielern zum Einsatz kommen. Durch den modularen Aufbau jedes einzelnen Spiels ist es zudem möglich, eine Vielzahl an individuellen Spielwegen selbst zu gestalten und somit die Aktualität des Spielerlebnisses aufrecht zu erhalten. Jede Antwort ist an die Faktoren Kreativität, Zeit und Glück gekoppelt. Großflächig angereichertes Wissen alleine reicht hier für EVIL MOVE nicht aus. Ob nun geraten, gelogen oder beim Knacken kniffliger Codes geschummelt bzw. fremdgeschämt: Dieses Buch bietet vielschichtige Unterhaltungsmöglichkeiten und fordert seine Mitspieler zu Höchstleistungen auf.

Bleiben Sie konzentriert und lernen Sie von Ihren Mitspielern, denn nicht selten sind Sie auf Ihr Team und auch Ihre Gegner angewiesen. Spielen Sie fair oder unfair. Lösen Sie Aufgaben oder verweigern Sie sich. Machen Sie Druck oder lassen Sie Druck durch Andere ausüben. Die Möglichkeiten sind mannigfaltig und oft Teil des Weges zum Sieg. Bestimmen Sie das Tempo, die Regeln oder den Ausgang des Spiels mit Ihrer Willensstärke und Ihrem Eifer. Aber Vorsicht: Nach dem Spiel ist vor dem Spiel! Seien Sie aktiv und wissbegierig – aber treten Sie keinem auf die Füße!

EVIL MOVE will am Ende nur eins: Dass Sie Spass haben!

Die „Evil Jokes" Reihe richtet sich an Personen mit speziellen humoristischen Neigungen. Speziell dahingehend, da diese Neigungen oder die Empfänglichkeit für diese Form der Kunst nicht von jedem Menschen akzeptiert oder nachvollzogen werden kann. Sie dürfen sich also glücklich schätzen. Da Sie dieses Buch entweder gekauft, geliehen oder geschenkt bekommen haben oder einfach nur die banale Tatsache, dass Sie es gerade lesen... mindestens ein Mensch auf dieser Erde, auch wenn Sie dieser Mensch selbst sein sollten, hält Sie für etwas Besonderes. Und das sind Sie. In jedem Lebensabschnitt, zu jeder Zeit und in jeder Situation. Dies darf und kann Ihnen keiner nehmen. Die „Evil Jokes"-Reihe wird Ihr Leben nicht verändern, aber es wird Ihr Leben um neue Erfahrungen bereichern. Lernen Sie mehr über sich selbst. Ihre persönlichen Neigungen. Ihre Grenzen. Wie Sie die Welt sehen und die Welt Sie sehen könnte. Ihre Freunde, Verwandte oder das Establishment. „Evil Jokes" ist der Beginn einer Reise in Ihr innerstes Selbst. Verborgen vor den Augen Dritter lädt diese Reihe Sie zu einer Odyssee, hin, zu den steinigsten Kanten Ihrer Persönlichkeit(en) ein. Teilen und vergleichen Sie Ihre Erkenntnisse aus diesem Buch mit Menschen denen Sie diese Reise ebenfalls zutrauen. Zeigen Sie der Welt, dass Sie und auch Ihre Mitmenschen etwas Besonderes sind, weil Sie es wollen und nicht, weil es Ihnen jemand gesagt hat. Ich sage es Ihnen jetzt gerade trotzdem. Humor ist nicht nur, wenn man trotzdem lacht. Sondern auch das, was du daraus machst. Teilen Sie ihn!

Zum Autor

Wes Moriarty, 1984 in Remagen, Deutschland, geboren, schloss 2015 seine akademische Laufbahn als M.Sc. an der University of Applied Science in Koblenz ab und veröffentlicht seit 2006 verschiedene Kurzfilm- und Literaturprojekte. Nach seinen gesellschaftskritischen Romanen „Four Letters" und „Natural Instincts" beschritt der Autor 2019 mit „Evil Jokes" für ihn künstlerisches Neuland.

»Schon komisch, was aus einem Projekt so alles entstehen kann. Die Idee zu diesem Spiele-Buch kam mir bei meiner letzten Arbeit zu „Evil Jokes – Das satirische Witzebuch für Erwachsene". Ich ärgerte mich, dass bei einem unserer Gesellschaftsspiele wiedermal Zubehör fehlte und Spieler tendenziell viel zu oft viel zu viel unterschiedliches, individuelles Spielezubehör benötigen. Warum nicht einfach ein kompaktes Buch, dass alles beinhaltet und auf den ganzen spezialisierten Schnick-Schnack verzichtet? Einen Würfel sowie Stift und Papier. Das reicht. Das hat fast jeder zu Hause. Daraus lässt sich doch etwas Neues und Einzigartiges machen?!? Das Ergebnis ist dieses Buch. „EVIL MOVE" ist die Antwort. Stecken Sie es sich in die Tasche und los geht es... zu ihrem ganz individuellen, neuen Spieleabend und Spieleerlebnis.«

Wes Moriarty, Autor

LOS GEHT'S...

Spiel 1:
SECOND 10

Spielinhalt und Aufgabe

Du bist schnell, kreativ und wandlungsfähig?
SECOND 10 wird dich auf die Probe stellen.

Reicht es vielleicht, 0-8-15 Antworten zu liefern?
Oder schaffst du es, einen wirklich einzigartigen Begriff
innerhalb einer festen Kategorie schneller als deine Gegner
zu ermitteln, aufzuschreiben und zu präsentieren?

Finde es heraus...

Kurz-Anleitung

1. Teams bzw. Spieler und Spielleiter bestimmen (1 Würfel)
2. Spielleiter bestimmt Aufgabe (3 Würfel → Buch „Aufgaben")
3. Spielleiter liest Aufgabenstellung vor
4. Spielleiter bestimmt Buchstaben (3 Würfel → Buch „Buchstaben")
5. Spieler notieren Begriffe auf Blatt Papier (Zeit: insgesamt 10 Sekunden)
6. Spielleiter überprüft Lösungen nach Wertigkeit
7. Punkte ermitteln und Zug damit beenden
8. Nächste Runde (inkl. Spielleiterwechsel)

Wertigkeit:
Längstes, einzigartiges Wort:	+ 3 Punkte
Einzigartiges Wort (nicht mehrfach genannt):	+ 2 Punkte
Mehrfach genanntes Wort:	+ 1 Punkt
Kein Wort / ungültig:	+ 0 Punkte

10

Spiel 1:
Anleitung

Spielanleitung

Zu Beginn vollzieht jeder Spieler einen Würfel-Wurf. Die Person mit der höchsten Augenzahl wird als erster Spielleiter festgelegt. Die restlichen Teilnehmer sind Spieler. Der Spielleiter wechselt mit jeder erfüllten Aufgabe im Uhrzeigersinn und übergibt seine Rolle an die Person links von ihm/ihr. In diesem Spiel darf je Runde immer nur der jeweilige Spielleiter würfeln und ist selbst kein Spieler. Wahlweise würfelt der Spielleiter dreimal mit einem - idealerweise mit drei Würfeln einmal - um die jeweilige Aufgabe für die Spieler zu ermitteln. Die Aufgabennummer wird aus der Reihenfolge des ersten, zweiten und dritten Würfel-Wurfs bzw. - bei drei Würfeln - aus der Leserichtung des aktuellen Spielleiters (von links nach rechts) ermittelt. Sobald die Aufgabennummer feststeht liest der Spielleiter zunächst die von ihm gewählte Aufgabenstellung (2 Optionen) <u>ohne die Benennung des Buchstabens</u> laut und deutlich vor und vergewissert sich, dass allen Teilnehmern die Aufgabenstellung mitgeteilt wurde. Danach würfelt der Spielleiter ein weiteres Mal und bestimmt damit den zu spielenden Buchstaben. Nach der Benennung des Buchstabens beginnt der Spielzug sofort, infolge die Spieler innerhalb des definierten Zeitfensters von 10 Sekunden die gestellte Aufgabe korrekt lösen müssen. Die Lösung der Aufgabe wird von jedem Spieler jeweils auf einem separaten Blatt Papier notiert. Der Zeiteinsatz pro Aufgabe beträgt für alle Spieler immer 10 Sekunden. Nach Ablauf der 10 Sekunden werden die Antworten dem Spielleiter vorgelegt. Dieser überprüft mit den übrigen Teilnehmern die Gültigkeit der Lösung und im Anschluss ihre Wertigkeit.

Wertigkeit:

Längstes, einzigartiges Wort:	+ 3 Punkte
Einzigartiges Wort (nicht mehrfach genannt):	+ 2 Punkte
Mehrfach genanntes Wort:	+ 1 Punkt
Kein Wort / ungültig:	+ 0 Punkte

Sonderregeln

Unlösbare Aufgabe:
Kann eine Aufgabe nicht innerhalb des 10-Sekunden-Zeitfensters von den Spielern gelöst werden, bleibt der Spielleiter für eine weitere Runde in seiner aktuellen Rolle tätig. Es wird eine neue Aufgabe gestellt und es werden 5 zusätzliche Sekunden zur Lösung gewährt.

• • • Pasch:
Der Spielleiter darf den Buchstaben selbst bestimmen (ausgeschlossen sind die Buchstaben: C Q V X Y Z) und bekommt pro gültige Lösung der restlichen Spieler 0,5 Punkt gutgeschrieben. Für jede nicht gegebene Antwort erhält der Spielleiter 1 Punkt.

⠂⠒⠒ Straße:
Der Spielleiter bekommt pro gültige Lösung der restlichen Spieler 0,5 Punkte gutgeschrieben. Für jede nicht gegebene Antwort erhält der Spielleiter 0,5 Punkte.

Einen Pasch oder eine Straße zu erkennen, obliegt einzig und allein dem aktuellen Spielleiter. Verpasst dieser die Möglichkeit, wird normal weitergespielt. Eine Beschwerde im Nachgang oder ein ungültiger Wurf (z.B. Würfel fallen vom Tisch runter) kosten den Spielleiter 2 Punkte.

Zubehör

Anzahl Spieler

Min.	Max.
2	+99

Spielzeit
(in Minuten ca.)

Min.	Max.
30	90

11

<u>Variante 1:</u> Runden-Spiel (mittlere Spielzeit)
Das Spiel endet, sobald jeder Teilnehmer 10x die Rolle des Spielleiters wahrgenommen hat und das Buch wieder beim ersten Spielleiter angekommen ist. Der Spieler mit den meisten Punkten gewinnt.

<u>Variante 2:</u> Lebenspunkte (lange Spielzeit)
Jeder Spieler bzw. jedes Team verfügt zu Beginn über 10 Lebenspunkte. Ziel ist es, als letzter Überlebender übrig zu bleiben. Im Duell zwischen zwei Teilnehmern ist die Rolle des Spielleiters von einem Dritten wahrzunehmen. Für die Ermittlung ist je abgeschlossene Aufgabe die alternative Wertetabelle anzuwenden:

Längstes, einzigartiges Wort:	+ 0,5 Punkte
Einzigartiges Wort (nicht mehrfach genannt):	+ 0,0 Punkte
Mehrfach genanntes Wort:	- 0,5 Punkte
Kein Wort / ungültig:	-1,0 Punkt

<u>Variante 3:</u> Team-Spiel (kurze Spielzeit)
Die Spieler agieren in - zu Spielbeginn - definierten Teams. Es wird ein fester Spielleiter bestimmt, der für die gesamte Spieldauer als neutraler Schiedsrichter fungiert. Die Teams erhalten nach Ablauf der 10-Sekunden-Frist weitere 10 Sekunden, ihre beste Antwort auszuwählen und gegen das bzw. die Gegner-Team(s) einzusetzen. Das Punktesystem aus der ursprünglichen Spielvariante bleibt bestehen. Das Team mit den meisten Punkten gewinnt.

<u>Variante 4:</u> Mehrfachnennungen/Recycling von Begriffen:
Wortstämme von Begriffen aus vorherigen Zügen dürfen, unabhängig der zuvor gestellten Aufgaben, nicht wiederverwendet werden (z.B. Begriff: Lesung – Ausschluss: lesen, Lesezirkel). Für den Verstoß wird der jeweiligen Person bzw. dem Team 2 Punkte abgezogen.

Hintergründe und Ziele des Spiels

Das Spiel ist darauf ausgelegt, in kurzen Zeitabständen die Flexibilität und Kreativität der Spieler auf die Probe zu stellen. Die Geschwindigkeit des Spiels erfordert schnelles Denken und Handeln der Teilnehmer. Es geht darum, sich von seinen Gegnern abzuheben und pro Runde etwas Einzigartiges zu schaffen. Nur so ist ein Sieg und die totale Vernichtung des Gegners überhaupt möglich.

Spiel 1: Aufgaben
(1. Wurf)

1 1 1	Krankheit	(Fiktive) Sex-Stellung
1 1 2	Ein fiktiver Filmtitel (Porno)	Verbrechen
1 1 3	Berühmtheit	Eine fiktive Figur
1 1 4	Eine Waffe	Eine Stadt
1 1 5	Ein Körperteil	Ein Serienkiller
1 1 6	Ein Sex-Spielzeug	Ein Diktator
1 2 1	Ein erotisches Kleidungsstück	Ein Verhütungsmittel
1 2 2	Ein Objekt	Ein potenzsteigerndes Mittel
1 2 3	Etwas, was man selbst tun möchte	Ein Instrument zur Stimulation
1 2 4	Ein Verb (Sex)	Ein Betäubungsmittel
1 2 5	Etwas Schlimmes	Etwas aus dem BDSM Bereich
1 2 6	Eine „scharfe" Persönlichkeit	Etwas Illegales
1 3 1	Etwas Schwimmendes	Ein fiktiver Filmtitel (Porno)
1 3 2	Ein Unfall-Grund	Etwas Trauriges
1 3 3	Eine (fiktive) Extremsportart	Ein Grund zu Fluchen
1 3 4	Etwas Rundes	Etwas Brennbares
1 3 5	Ein Cocktail	Ein Gesetzesverstoß
1 3 6	Ein Schwellkörper	Ein Instrument zum Steuern
1 4 1	Eine fiktive Yoga-Stellung	Ein Medium
1 4 2	Eine Marke	Ein Grund zu Lügen
1 4 3	Eine Möglichkeit zur Stimulation	Ein Musik-Stück
1 4 4	Ein Computer-Gerät	Eine Körperflüssigkeit
1 4 5	Ein Internet-Phänomen	Etwas mit vielen Kalorien
1 4 6	Ein Mord-Motiv	Etwas Wissenschaftliches
1 5 1	Eine Horrorfilm – Gestalt / Figur	Ein Sex-Spielzeug
1 5 2	Zweckentfremdung mit Frucht / Gemüse	Ein totes Objekt
1 5 3	Eine Figur aus einem Actionfilm	(Fiktiver) Begriff der Gerichts-Medizin
1 5 4	Etwas Gruseliges	Etwas Peinliches
1 5 5	(Fiktive) Sex-Stellung	Ein Mord-Instrument
1 5 6	(Fiktives) Schimpfwort	Etwas Radikales
1 6 1	Etwas Verwerfliches	Ein Verbrechen
1 6 2	Etwas Schlimmes im Umkreis von 50 Kilometern	Dein Künstlername in Pornos
1 6 3	Ein Gewerbe	Eine Droge
1 6 4	Was dein Gegenüber liebt	Ein Nomen (Sex)
1 6 5	Etwas mit Bit & Byte	(Fiktives) Schimpfwort
1 6 6	Etwas Perverses	Etwas Warmes

13

Aufgaben:
(1. Wurf)

2 1 1	Ein Schadstoff	Etwas Verbotenes
2 1 2	Eine Lüge der Menschheit	Eine Körperöffnung
2 1 3	Etwas Geschlechtsspezifisches	Eine Persönlichkeit mit Sex-Bezug
2 1 4	Eine Verhütungsform / Ein Mittel	Eine TV-Serie
2 1 5	Etwas, dass man bereut	Etwas Lautes
2 1 6	Ein Getränk	Eine (fiktive) Stellung für das Kamasutra
2 2 1	(Fiktiver) Begriff der Gerichts-Medizin	Ein Insekt
2 2 2	Etwas, was mit Drogen zu tun hat	Ein Grund zu Fluchen
2 2 3	Etwas Gefährliches	Ein Filmtitel
2 2 4	Ein Schulungsinstrument	Ein Sex-Medium
2 2 5	Verstorbene Berühmtheit, mit der man gerne noch Sex gehabt hätte	Ein fiktives, versautes Schulfach
2 2 6	Eine Stadt	Etwas Nerviges
2 3 1	Kunstform/-art	Berühmtheit
2 3 2	Ein Haushalts-Gerät	Ein Unfall-Grund
2 3 3	Ein Beruf	(Fiktive) Sex-Stellung
2 3 4	Eine fiktive Diagnose	Eine Möglichkeit zur Stimulation
2 3 5	Eine Zerstörungsform/-art	Etwas politisch Brisantes
2 3 6	Ein Betäubungsmittel	Etwas Perverses
2 4 1	Ein versautes Verb	(Fiktiver) Begriff der Gerichts-Medizin
2 4 2	Ein Instrument zur Stimulation	Ein Mord-Motiv
2 4 3	Schauspieler/-in, mit der/dem man gerne intim geworden wäre	Ein Objekt für einen Diebstahl
2 4 4	Etwas Anstößiges	Ein Verwandtschaftsverhältnis
2 4 5	(Fiktives) Schimpfwort	Eine Maschine
2 4 6	Etwas, dass mit Macht zu tun hat	Verstorbene Berühmtheit, die man gerne selbst umgelegt hätte
2 5 1	Eine Sünde	Eine Schwäche
2 5 2	Etwas aus dem BDSM Bereich	Etwas, das man dem Teufel schenken würde
2 5 3	Etwas, dass man während des Gottesdienstes nicht tun sollte	Etwas Brutales
2 5 4	Etwas, wofür man bezahlt	Etwas, was man selbst tun möchte
2 5 5	Eine Figur aus einer Komödie	Etwas, dass mit Zähnen zu tun hat
2 5 6	Eine Bewegung	Ein Sex-Objekt
2 6 1	Eine erotische Handlung	Etwas Irreparables
2 6 2	Etwas Peinliches	Etwas unter Druck
2 6 3	Etwas Radikales	Ein Verb (Mord)
2 6 4	Zweckentfremdung mit Frucht / Gemüse	Eine „scharfe" Persönlichkeit
2 6 5	Etwas Giftiges	Ein Adjektiv (Sex)
2 6 6	Etwas rational Erklärbares	Etwas Romantisches

Aufgaben:
(1. Wurf)

3 1 1	Ein Körperteil	Ein Spielzeug aus der Jugend
3 1 2	Ein Gemütszustand	Ein Fisch
3 1 3	Eine (fiktive) Stellung für das Kamasutra	Ein Adjektiv (Sex)
3 1 4	Etwas zur Selbstbefriedigung	Ein fiktiver Titel für eine Doktorarbeit
3 1 5	Wissenschaftler/-in	Etwas psychologisch Auffälliges
3 1 6	Ein Mord-Motiv	Etwas Gefährliches
3 2 1	Ein Lebewesen mit dem man Sex haben kann	Ein Cocktail
3 2 2	Etwas zum Runterschlucken	Etwas, dass in keine Körperöffnung gesteckt werden sollte
3 2 3	Etwas, dass man innerhalb einer Gefängniszelle vermissen würde	Etwas, dass unter Drogeneinfluss passieren könnte
3 2 4	Eine Berühmtheit	Ein Sex-Medium
3 2 5	Ein Mord-Instrument	Eine alkoholische Flüssigkeit
3 2 6	(Fiktive) Sex-Stellung	Ein Beweisstück für ein Verbrechen
3 3 1	Ein Unfall-Grund	Etwas Harmloses
3 3 2	Ein fiktiver Filmtitel	Ein Internet-Phänomen
3 3 3	Etwas Schwimmendes	Ein Verb (Gewalt)
3 3 4	Ein Motiv zum Fremdgehen	Eine Horrorfilm – Gestalt / Figur
3 3 5	Etwas Brennbares	Ein Gesetzesverstoß
3 3 6	Eine fiktive Yoga-Stellung	Ein Betäubungsmittel
3 4 1	Etwas Gutes	Eine Figur aus einem Actionfilm
3 4 2	Etwas Lebendiges	Was dein Gegenüber liebt
3 4 3	Etwas, das mit Sex zu tun hat	Etwas Beschämendes
3 4 4	Etwas typisch Ausländisches	Dein Künstlername in Pornos
3 4 5	Ein Instrument für einen Einbruch	Etwas Radikales
3 4 6	Etwas, dass mit einem Verbrechen zu tun hat	Etwas Schlimmes im Umkreis von 100 Kilometern
3 5 1	Etwas Traumhaftes	Ein Mord-Motiv
3 5 2	Etwas mit Bit & Byte	Etwas mit Zucker
3 5 3	Verstorbene Berühmtheit, die man gerne selbst umgelegt hätte	Eine zweckentfremdete Handlung mit Frucht / Gemüse
3 5 4	Etwas Wunderschönes	Etwas Geschlechtsspezifisches
3 5 5	Eine Farbe	Etwas Erniedrigendes
3 5 6	Ein Grund zu Fluchen	Ein Objekt für Lust
3 6 1	Ein sinnbefreites Wort	Etwas Nerviges
3 6 2	Etwas, dass etwas ausstößt	Ein Mord-Instrument
3 6 3	Etwas Kaputtes / Zerstörtes	Ein Schadstoff
3 6 4	Etwas Übernatürliches	Eine Handlung ohne Sinn
3 6 5	Etwas typisch Inländisches	Ein Flug-Instrument
3 6 6	Der eigene Traumberuf	Künstler/-in

Aufgaben:
(1. Wurf)

4 1 1	Eine zweckentfremdete Handlung mit Frucht / Gemüse	Ein an oder in einem Auto
4 1 2	Ein fiktiver Name für die eigene Krankheit	Ein Wunsch für das Kamasutra
4 1 3	Etwas mit vielen Kalorien	Ein Verb (versaut)
4 1 4	Etwas, dass man nach einer Party macht	Etwas, dass man nicht filmen sollte
4 1 5	Etwas Verbotenes	Ein Instrument, um ein Geständnis einzuholen
4 1 6	Etwas Geschlechtsspezifisches	Etwas Verwerfliches
4 2 1	Etwas, dass man immer bereut	Etwas, wofür man bezahlt
4 2 2	Verstorbene Berühmtheit	Etwas Schwimmendes
4 2 3	Ein Fleischfresser	Etwas „Hassenswertes"
4 2 4	Etwas, dass man schnell vergisst	Etwas an oder in einem Fahrzeug
4 2 5	Ein Geld-Vernichter	Etwas Großes
4 2 6	Eine Möglichkeit zur Stimulation	Eine berühmte Marke
4 3 1	Ein Liebesbeweis	Etwas aus der Metzgerei
4 3 2	Ein Kleidungs-/ oder Schmuckstück	Eine fiktive Diagnose
4 3 3	Ein Mord-Motiv	Etwas mit Luft
4 3 4	Ein Bastel-Werkzeug	Etwas an einem Auto
4 3 5	(Fiktive) Sex-Stellung	Ein Adjektiv
4 3 6	Ein Betäubungsmittel	Etwas aus dem BDSM Bereich
4 4 1	Etwas unter Wasser	Ein emotionales Ereignis
4 4 2	Etwas Perverses	Etwas, dass mind. 2 Menschen erfordert
4 4 3	Etwas, dass man anspritzen kann	Etwas in einem Auto
4 4 4	Etwas Kleines	Ein fiktiver Filmtitel (Porno)
4 4 5	Ein Beweisstück für ein Verbrechen	Etwas Vegetarisches
4 4 6	Etwas Gelenkiges	Etwas, dass mit einem Verbrechen zu tun hat
4 5 1	Ein fiktiver Titel für eine Doktorarbeit	Ein an oder in einem Auto
4 5 2	(Fiktiver) Begriff der Gerichts-Medizin	Ein fiktiver Filmtitel (Porno)
4 5 3	Ein Grund für ein Verbrechen	Etwas, dass man mit einem Smartphone tun kann
4 5 4	Eine Waffe	Etwas, dass ein Baby nicht sehen sollte
4 5 5	Etwas, dass in keine Köperöffnung gesteckt werden sollte	Ein Lebewesen mit dem man Sex haben kann
4 5 6	Eine „scharfe" Persönlichkeit	Ein erotisches Tier
4 6 1	Ein Nomen (Gewalt)	Etwas Gefährliches beim Sex
4 6 2	Ein erotisches Lebensmittel	Etwas psychologisch Auffälliges
4 6 3	Eine Idee der Vergangenheit	Etwas Stinkiges
4 6 4	Ein fiktiver Filmtitel (Porno)	(Fiktives) Schimpfwort
4 6 5	Dein Künstlername in Pornos	Etwas Waghalsiges
4 6 6	Eine Fortbewegungsform/-art	Etwas mit Elektrizität

Aufgaben:
(1. Wurf)

5 1 1	Etwas, was ein Chirurg nicht vergessen sollte	Etwas zum durchschneiden
5 1 2	Eine Horrorfilm – Gestalt / Figur	Eine Figur aus der Bibel
5 1 3	Eine Lüge der Menschheit	Ein Motiv zum Fremdgehen
5 1 4	Ein Motiv für Diebstahl	Eine (fiktive) Extremsportart
5 1 5	Ein Gesetzesverstoß	Etwas, dass man liebt
5 1 6	Etwas innerhalb einer Polizeistation	Etwas, was ein Polizist nicht vergessen sollte
5 2 1	Ein Objekt für den Körper	Etwas Eckiges im Büro
5 2 2	Etwas, was man selbst tun möchte	Etwas, das mit Serienkillern zu tun hat
5 2 3	Frucht / Gemüse	Ein Motiv für Lügen
5 2 4	Etwas „Hassenswertes"	Eine Stadt in Europa
5 2 5	Ein Spielzeug im Kinderzimmer	Etwas, das nicht brennen kann
5 2 6	Was dein Gegenüber hasst	(Fiktive) Sex-Stellung
5 3 1	Ein Nomen	Etwas Langweiliges
5 3 2	Ein Lebewesen	Etwas Irdisches
5 3 3	Etwas unter Wasser	Eine ess-/trinkbare Flüssigkeit
5 3 4	Eine Maschine, die für einen Mord geeignet ist	Etwas, dass man innerhalb einer Gefängniszelle vermissen würde
5 3 5	Etwas Schlimmes im Umkreis von 100 Kilometern	Ein aktuelles Thema aus den Nachrichten
5 3 6	Etwas, was ein Arzt nicht vergessen sollte	Ein Objekt der Begierde
5 4 1	Etwas mit Bit & Byte	Eine Zerstörungsform/-art
5 4 2	Etwas, dass in keine Körperöffnung gesteckt werden sollte	Etwas in einer Sanitäreinrichtung
5 4 3	Etwas Verwundbares	Etwas Unmenschliches
5 4 4	Ein Hobby	Etwas, dass privat bleiben sollte
5 4 5	Eine (fiktive) Extremsportart	Eine (fiktive) Stellung für das Kamasutra
5 4 6	(Fiktives) Schimpfwort	Etwas typisch Weibliches
5 5 1	Eine fiktive Diagnose	Etwas, dass Erfahrung benötigt
5 5 2	Etwas Nerviges	Etwas Biologisches
5 5 3	Etwas eindeutig Familiäres	Ein Adjektiv (Sex)
5 5 4	Etwas mit der Farbe „rot"	Eine fiktive Yoga-Stellung
5 5 5	Ein Fortbewegungsmittel	Ein Unfall-Grund
5 5 6	Etwas Altes	Etwas ohne Beine
5 6 1	Ein Verb	Ein nicht menschliches Körperteil
5 6 2	Etwas Verwerfliches	Etwas, dass man bereut
5 6 3	Etwas Giftiges	Etwas Illegales
5 6 4	Ein Adjektiv	Etwas Lautes
5 6 5	Etwas Verbotenes	(Fiktives) Schimpfwort
5 6 6	Etwas im Kühlschrank	Ein Sex-Medium

Aufgaben:
(1. Wurf)

6 1 1	Etwas, dass Erfahrung benötigt	Dein Künstlername in Pornos
6 1 2	Etwas Riskantes	Ein (fiktives) Lebewesen
6 1 3	Ein Pflegeprodukt	Etwas Schmerzhaftes
6 1 4	Etwas, dass privat bleiben sollte	Ein Instrument der Medizin
6 1 5	Ein Geschenk	Eine (fiktive) Sportart
6 1 6	Etwas, dass Übelkeit hervorruft	Eine Stellung / Haltung
6 2 1	Ein Grund zu Fluchen	Etwas Natürliches
6 2 2	(Fiktive) Sex-Stellung	Etwas typisch Weibliches
6 2 3	Etwas moralisch Bedenkliches	Ein Adjektiv
6 2 4	Etwas typisch Männliches	Etwas Alkoholisches
6 2 5	Etwas nicht Brennbares	Eine Möglichkeit zur Stimulation
6 2 6	Etwas, wofür man bezahlt	Etwas Geschlechtsspezifisches
6 3 1	Etwas mit einem Loch	Ein Grund zu Lügen
6 3 2	Etwas, dass mit einem Verbrechen zu tun hat	Ein (fiktiver) Filmtitel
6 3 3	Ein (fiktives) Getränk	Ein Instrument zum Steuern
6 3 4	Schauspieler/-in	(Fiktive) Sex-Stellung
6 3 5	Etwas, dass mit Sex zu tun hat	Etwas Radikales
6 3 6	Ein Gesellschaftsspiel	Ein Internet-Phänomen
6 4 1	Etwas aus dem BDSM Bereich	Etwas, wofür man in die Hölle kommt
6 4 2	Etwas, dass man im Dunkeln macht	Etwas ohne Menschen
6 4 3	Etwas, dass mind. 2 Menschen erfordert	Eine (fiktive) Extremsportart
6 4 4	Etwas Erholsames	Ein (fiktives) Gesellschaftsspiel
6 4 5	Etwas, dass unter Drogeneinfluss passieren könnte	Ein Beweisstück für ein Verbrechen
6 4 6	Etwas Selbstzerstörerisches	Ein Begriff der Medizin
6 5 1	Etwas, dass privat bleiben sollte	(Fiktives) Schimpfwort
6 5 2	Ein Instrument zur Stimulation	Etwas, dass nicht in die Hand gehört
6 5 3	Etwas, was man selbst tun möchte	Etwas „Hassenswertes"
6 5 4	Etwas, worauf man nicht gehen kann oder sollte	(Fiktive) Sex-Stellung
6 5 5	Etwas, dass man innerhalb einer Gefängniszelle vermissen würde	Verstorbene Berühmtheit, die man gerne selbst umgelegt hätte
6 5 6	Etwas, dass man bereut	Etwas ohne Kopf
6 6 1	Etwas Versautes, dass man im Weltall tun würde	Ein (fiktiver) Gesetzes-Titel
6 6 2	Etwas ohne Strom	Etwas mit Strom
6 6 3	Der fiktive Titel deines eigenen Pornos	Etwas Religiöses
6 6 4	Ein Adjektiv	Etwas ohne Geschlecht
6 6 5	Ein erotisches Kleidungsstück	Eine erotische Maschine
6 6 6	(Fiktives) Schimpfwort	Ein Verbrechen

Spiel 1: Buchstaben
(2. Wurf)

1 1 1	☺	2 1 1	I	3 1 1	T	4 1 1	A	5 1 1	V	6 1 1	W
1 1 2	V	2 1 2	U	3 1 2	D	4 1 2	E	5 1 2	L	6 1 2	C
1 1 3	N	2 1 3	S	3 1 3	Z	4 1 3	Q	5 1 3	H	6 1 3	G
1 1 4	E	2 1 4	C	3 1 4	N	4 1 4	U	5 1 4	R	6 1 4	Q
1 1 5	O	2 1 5	O	3 1 5	T	4 1 5	K	5 1 5	O	6 1 5	A
1 1 6	H	2 1 6	M	3 1 6	J	4 1 6	I	5 1 6	Z	6 1 6	J
1 2 1	L	2 2 1	W	3 2 1	X	4 2 1	F	5 2 1	I	6 2 1	T
1 2 2	Y	2 2 2	☺	3 2 2	D	4 2 2	O	5 2 2	F	6 2 2	M
1 2 3	I	2 2 3	A	3 2 3	P	4 2 3	S	5 2 3	B	6 2 3	D
1 2 4	C	2 2 4	K	3 2 4	Z	4 2 4	V	5 2 4	K	6 2 4	N
1 2 5	Z	2 2 5	F	3 2 5	F	4 2 5	Y	5 2 5	R	6 2 5	X
1 2 6	B	2 2 6	Y	3 2 6	M	4 2 6	Y	5 2 6	S	6 2 6	N
1 3 1	G	2 3 1	Q	3 3 1	Q	4 3 1	L	5 3 1	X	6 3 1	Y
1 3 2	E	2 3 2	G	3 3 2	W	4 3 2	C	5 3 2	N	6 3 2	O
1 3 3	P	2 3 3	H	3 3 3	☺	4 3 3	H	5 3 3	P	6 3 3	A
1 3 4	M	2 3 4	N	3 3 4	P	4 3 4	E	5 3 4	W	6 3 4	L
1 3 5	S	2 3 5	C	3 3 5	Q	4 3 5	L	5 3 5	U	6 3 5	S
1 3 6	E	2 3 6	P	3 3 6	A	4 3 6	R	5 3 6	D	6 3 6	B
1 4 1	R	2 4 1	X	3 4 1	G	4 4 1	V	5 4 1	C	6 4 1	Z
1 4 2	W	2 4 2	Z	3 4 2	U	4 4 2	B	5 4 2	M	6 4 2	T
1 4 3	A	2 4 3	M	3 4 3	B	4 4 3	O	5 4 3	E	6 4 3	G
1 4 4	B	2 4 4	H	3 4 4	K	4 4 4	☺	5 4 4	H	6 4 4	A
1 4 5	D	2 4 5	J	3 4 5	G	4 4 5	F	5 4 5	M	6 4 5	W
1 4 6	L	2 4 6	R	3 4 6	Q	4 4 6	A	5 4 6	O	6 4 6	N
1 5 1	G	2 5 1	B	3 5 1	K	4 5 1	P	5 5 1	Z	6 5 1	O
1 5 2	F	2 5 2	G	3 5 2	V	4 5 2	K	5 5 2	W	6 5 2	A
1 5 3	S	2 5 3	W	3 5 3	J	4 5 3	Z	5 5 3	M	6 5 3	N
1 5 4	I	2 5 4	T	3 5 4	L	4 5 4	G	5 5 4	B	6 5 4	U
1 5 5	D	2 5 5	Q	3 5 5	A	4 5 5	U	5 5 5	☺	6 5 5	T
1 5 6	V	2 5 6	J	3 5 6	F	4 5 6	V	5 5 6	L	6 5 6	R
1 6 1	X	2 6 1	F	3 6 1	S	4 6 1	P	5 6 1	U	6 6 1	X
1 6 2	W	2 6 2	R	3 6 2	L	4 6 2	J	5 6 2	J	6 6 2	I
1 6 3	O	2 6 3	E	3 6 3	H	4 6 3	R	5 6 3	S	6 6 3	A
1 6 4	D	2 6 4	B	3 6 4	G	4 6 4	L	5 6 4	N	6 6 4	E
1 6 5	G	2 6 5	T	3 6 5	I	4 6 5	S	5 6 5	Y	6 6 5	M
1 6 6	B	2 6 6	L	3 6 6	U	4 6 6	K	5 6 6	T	6 6 6	☺

☺ = Der Buchstabe darf frei gewählt werden

Spiel 1: Spiel-Blatt

Teilnehmer/-in	P_{Beginn}	R01	R02	R03	R04	R05	R06	R07	R08	R09	R10	P_{Ende}

P = Punkte (zu Beginn oder Ende),
R = Runde

Spiel-Blatt:

Teilnehmer/-in	P_{Beginn}	R01	R02	R03	R04	R05	R06	R07	R08	R09	R10	P_{Ende}

P = Punkte (zu Beginn oder Ende),
R = Runde

21

Spiel-Blatt:

Teilnehmer/-in	P_{Beginn}	R01	R02	R03	R04	R05	R06	R07	R08	R09	R10	P_{Ende}

P = Punkte (zu Beginn oder Ende),
R = Runde

Spiel-Blatt:

Teilnehmer/-in	P_{Beginn}	R01	R02	R03	R04	R05	R06	R07	R08	R09	R10	P_{Ende}

P = Punkte (zu Beginn oder Ende),
R = Runde

Spiel-Blatt:

Teilnehmer/-in	P_{Beginn}	R01	R02	R03	R04	R05	R06	R07	R08	R09	R10	P_{Ende}

P = Punkte (zu Beginn oder Ende),
R = Runde

Spiel 2:
SILENT BALANCE

Du bist kein guter Zeichner?
Worte zu umschreiben oder mit Händen und Füßen
darzustellen fällt dir schwer?
Dann könnte SILENT BALANCE als therapeutische Maßnahme
hierzu Abhilfe schaffen...

Erfülle Aufgaben mit ganzem Körpereinsatz und führe dein Team zum Sieg.
Mach dich zum Affen, leg deine Stärken und Schwächen offen oder
entpuppe dich als Großmeister aller Wegbeschreiber...

Finde die eine und einzige...
finde deine eigene...
finde die BALANCE...

1. Teams bzw. Spieler und Spielleiter bestimmen (1 Würfel)
2. Spielleiter bestimmt Darstellungsform (1 Würfel → Buch „Darstellung")
3. Spielleiter bestimmt Buchstaben (3 Würfel → Buch „Buchstaben")
4. Spielleiter bestimmt Bedingung (3 Würfel → Buch „Bedingungen")
5. Spieler notiert von ihm gewählten Begriff auf Blatt Papier (30 Sekunden)
6. Spieler stellt Begriff gemäß 2. – 4. dar
7. Übrige Teilnehmer raten Lösung / aktueller Spielleiter beobachtet
   (60 Sekunden nach Beginn von Punkt 6.)
8. Lösung ermitteln, Punkte ermitteln und Zug damit beenden
9. Nächste Runde (inkl. Spielleiterwechsel)

Spiel 2:
Anleitung

Zu Beginn vollzieht jeder Spieler einen Würfel-Wurf. Die Person mit der höchsten Augenzahl wird als erster Spielleiter festgelegt. Die Person mit der niedrigsten Augenzahl ist der erste Spieler. Der Spielleiter sowie der Spieler wechseln mit jeder erfüllten Aufgabe im Uhrzeigersinn und übergeben ihre jeweilige Rolle an die Person links von ihm/ihr. Würfeln darf nur der jeweilige Spielleiter pro Zug. Der erste Würfel-Wurf (mit einem Würfel) legt die Darstellungsform für den Spieler fest, mit der gespielt wird (siehe Liste „Darstellung"). Mit dem zweiten Wurf (mit drei Würfeln) wird der Buchstabe bestimmt, mit dem der gesuchte Begriff beginnen muss (siehe Liste „Buchstaben"). Mit dem letzten Wurf (mit drei Würfeln) wird eine von wahlweise zwei Bedingungen und somit die eigentliche Aufgabe durch den aktuellen Spielleiter bestimmt, mit dem der gesuchte Begriff eindeutig in Verbindung stehen muss (siehe Liste „Bedingungen"). Während alle Teilnehmer wegsehen, hat der Spieler 30 Sekunden Zeit, seinen Begriff nachprüfbar zu dokumentieren, um Betrugsversuche durch den Spieler zu vermeiden. Mit Ablauf des Zeitfensters beginnt das Spiel sofort.

Der Spieler hat nun im Rahmen der ihm gegebenen Möglichkeiten 60 Sekunden Zeit, den Begriff so darzustellen, dass mindestens ein Teilnehmer diesen errät. Alle Teilnehmer des Spiels dürfen raten. Der Spielleiter selbst darf bei diesem Zug nicht mitspielen und muss darauf achten, wer die erste und korrekte Antwort liefert. Den Teilnehmern ist während des gesamten Zuges keine weitere Kommunikation gestattet. Sie dürfen während des Zuges zudem maximal 1 Antwortmöglichkeit nennen. Ist die gegebene Antwort des Teilnehmers falsch, ist dieser bis zum nächsten Spielleiterwechsels ausgeschlossen. Errät hingegen jemand den Begriff korrekt, erhalten sowohl der Spieler als auch der Teilnehmer mit der korrekten Antwort 1 Punkt. Wird zeitgleich von mehreren Teilnehmern die korrekte Antwort ausgesprochen, so erhält jeder dieser Teilnehmer 1 Punkt und der Spieler pro korrekte Lösung ebenfalls 1 Punkt. Der Spieler kann pro Zug max. 3 Punkte erhalten. Errät niemand den Begriff, wird dem Spieler 1 Punkt abgezogen. Der Zug ist beendet, sobald der Spielleiter den/die Gewinner des Zuges mitgeteilt hat.

Teilnehmer-Strafe:
Hat ein Teilnehmer eine falsche Antwort gegeben und begeht einen Regelverstoß, indem die Person Kommunikationsversuche wagt, ist diese Person vom nächsten Zug auszuschließen. Es sei denn, die betroffene Person ist beim nächsten Zug als Spielleiter vorgesehen (dann setzt die Person im darauffolgenden Zug aus).

Spieler-Strafe:
Versucht ein Spieler eindeutig zu betrügen, führt dies zum sofortigen Abbruch des Zuges. Der Spieler ist vom nächsten Zug vollständig auszuschließen. Zudem werden der Person 5 Punkte abgezogen.

Zubehör

Augenzahl	
1x6	Papier
3	[?]
Würfel	Stift
Zettel	Stift
Karten-	
stift	

Anzahl Spieler

Min.	Max.
2	+99

Spielzeit
(in Minuten ca.)

Min.	Max.
30	90

Variante 1: Runden-Spiel (kurze Spielzeit)
Das Spiel endet, sobald 10 Runden gespielt wurde. Jeder Spieler muss einmal Spieler oder Spielleiter gewesen sein. Der Spieler mit der höchsten Punkte-Zahl gewinnt.

Variante 2: Punkte-Spiel (mittlere / lange Spielzeit)
Das Spiel endet, sobald eine Person 50 oder 100 Punkte erspielt hat.

Variante 3: Team-Spiel (mittlere Spielzeit)
Das Spiel erlaubt die Bildung von mehreren, mind. 2 Teams. Die Rollen des aktiven Spielers und des Spielleiters müssen pro Zug in unterschiedlichen Teams liegen. Raten dürfen nur die Mitglieder des Spieler-Teams. Die gegnerischen Team-Mitglieder unterstützen den Spielleiter bei der Einhaltung der Regel. Entscheidungsgewalt über Regelverstöße obliegen jedoch ausschließlich dem Spielleiter. Das Spiel endet, sobald ein Team 50 oder 100 Punkte erspielt hat.

Hintergründe und Ziele des Spiels

Das Spiel ist darauf ausgelegt, deiner Persönlichkeit mehr Ausdruck zu verleihen und dich zu fordern. Um zu gewinnen, musst du das Maximum aus dir und deinem Team herausholen.

Klassifizierung

Spiel 2: Darstellung
(1. Wurf)

(Einzel-)Buchstabenfolgen, Zahlen oder sonstige Codierungsverfahren dürfen in der gewählten Darstellungsform keine Anwendung finden. Einzig „Ja", „Vielleicht" oder „Nein" Signale dürfen per Schulterzucken, Kopfnicken bzw. -schütteln nach außen kommuniziert werden.

Zeichnen

Es darf nicht gesprochen werden. Die Zeichnung muss für alle Teilnehmer sichtbar sein. Es darf nur eine Stift-Art (einfarbig) verwendet werden.

Pantomime
(im Stehen)

Es darf nicht gesprochen werden. Der Spieler muss seine Darstellung im Stehen vornehmen. Es dürfen keine externen Hilfsmittel bei der Darstellung verwendet werden.

Hinweis
(Verben)

Es dürfen max. 3 Worte durch den Spieler gesprochen werden. Der Spieler darf max. drei Verben nennen, die auf den gesuchten Begriff hindeuten, ohne dabei den Begriff selbst oder ein direktes Synonym für diesen zu nennen.

Pantomime
(im Sitzen)

Es darf nicht gesprochen werden. Der Spieler muss seine Darstellung im Sitzen vornehmen. Es dürfen keine externen Hilfsmittel bei der Darstellung verwendet werden.

Hinweis
(Nomen)

Es dürfen max. 3 Worte durch den Spieler gesprochen werden. Der Spieler darf max. drei Nomen nennen, die auf den gesuchten Begriff hindeuten, ohne dabei den Begriff selbst oder ein direktes Synonym für diesen zu nennen.

Freie Darstellungswahl

Der Spieler darf zwischen den Darstellungsformen 1. – 5. frei wählen.

Spiel 2: Buchstaben
(2. Wurf)

1 1 1	☺	2 1 1	T	3 1 1	I	4 1 1	A	5 1 1	S	6 1 1	O
1 1 2	A	2 1 2	M	3 1 2	W	4 1 2	E	5 1 2	K	6 1 2	E
1 1 3	G	2 1 3	W	3 1 3	Z	4 1 3	P	5 1 3	H	6 1 3	G
1 1 4	M	2 1 4	P	3 1 4	N	4 1 4	L	5 1 4	R	6 1 4	S
1 1 5	O	2 1 5	O	3 1 5	T	4 1 5	K	5 1 5	O	6 1 5	A
1 1 6	H	2 1 6	E	3 1 6	J	4 1 6	I	5 1 6	Z	6 1 6	J
1 2 1	L	2 2 1	W	3 2 1	E	4 2 1	F	5 2 1	I	6 2 1	T
1 2 2	T	2 2 2	☺	3 2 2	D	4 2 2	O	5 2 2	F	6 2 2	M
1 2 3	I	2 2 3	A	3 2 3	P	4 2 3	S	5 2 3	B	6 2 3	D
1 2 4	K	2 2 4	K	3 2 4	Z	4 2 4	N	5 2 4	K	6 2 4	N
1 2 5	Z	2 2 5	F	3 2 5	F	4 2 5	L	5 2 5	R	6 2 5	F
1 2 6	B	2 2 6	E	3 2 6	M	4 2 6	K	5 2 6	S	6 2 6	N
1 3 1	G	2 3 1	R	3 3 1	G	4 3 1	L	5 3 1	S	6 3 1	H
1 3 2	E	2 3 2	G	3 3 2	W	4 3 2	E	5 3 2	N	6 3 2	O
1 3 3	P	2 3 3	H	3 3 3	☺	4 3 3	H	5 3 3	P	6 3 3	A
1 3 4	M	2 3 4	N	3 3 4	P	4 3 4	E	5 3 4	W	6 3 4	L
1 3 5	S	2 3 5	E	3 3 5	N	4 3 5	L	5 3 5	U	6 3 5	S
1 3 6	E	2 3 6	P	3 3 6	A	4 3 6	R	5 3 6	D	6 3 6	B
1 4 1	R	2 4 1	D	3 4 1	G	4 4 1	E	5 4 1	J	6 4 1	Z
1 4 2	W	2 4 2	Z	3 4 2	U	4 4 2	B	5 4 2	M	6 4 2	T
1 4 3	A	2 4 3	M	3 4 3	B	4 4 3	O	5 4 3	E	6 4 3	G
1 4 4	B	2 4 4	H	3 4 4	K	4 4 4	☺	5 4 4	H	6 4 4	A
1 4 5	D	2 4 5	J	3 4 5	G	4 4 5	F	5 4 5	M	6 4 5	W
1 4 6	L	2 4 6	R	3 4 6	L	4 4 6	A	5 4 6	O	6 4 6	N
1 5 1	G	2 5 1	B	3 5 1	K	4 5 1	P	5 5 1	Z	6 5 1	O
1 5 2	F	2 5 2	G	3 5 2	R	4 5 2	K	5 5 2	W	6 5 2	A
1 5 3	S	2 5 3	W	3 5 3	J	4 5 3	Z	5 5 3	M	6 5 3	N
1 5 4	I	2 5 4	T	3 5 4	L	4 5 4	G	5 5 4	B	6 5 4	U
1 5 5	D	2 5 5	M	3 5 5	A	4 5 5	U	5 5 5	☺	6 5 5	T
1 5 6	E	2 5 6	J	3 5 6	F	4 5 6	O	5 5 6	L	6 5 6	R
1 6 1	A	2 6 1	F	3 6 1	S	4 6 1	P	5 6 1	U	6 6 1	B
1 6 2	W	2 6 2	R	3 6 2	L	4 6 2	J	5 6 2	J	6 6 2	I
1 6 3	O	2 6 3	E	3 6 3	H	4 6 3	R	5 6 3	S	6 6 3	A
1 6 4	D	2 6 4	B	3 6 4	G	4 6 4	L	5 6 4	N	6 6 4	E
1 6 5	G	2 6 5	T	3 6 5	I	4 6 5	S	5 6 5	H	6 6 5	T
1 6 6	B	2 6 6	L	3 6 6	U	4 6 6	K	5 6 6	M	6 6 6	☺

☺ = Der Buchstabe darf frei gewählt werden

30

Spiel 2: Bedingungen
(3. Wurf)

1 1 1	Eine sexuelle Handlung	Ein Party-Utensil
1 1 2	Etwas Anstößiges	Ein Nomen (Sex)
1 1 3	Ein Wort mit 5 Buchstaben	Erotische(r) Schauspieler/-in
1 1 4	Eine Krankheit (Sex)	Eine Freizeitbeschäftigung
1 1 5	Ein Verbrechen	Etwas, dass man mit Brüsten machen kann
1 1 6	Erotische Kleidungsstücke	Etwas Gruseliges
1 2 1	Eine berühmte Person	Eine Maschine
1 2 2	Etwas Trauriges	Ein Ereignis
1 2 3	Was man studieren kann	Was man kaufen kann
1 2 4	Ein Spielzeug	Ein Säugetier
1 2 5	Ein Videospiel / Eine App	Etwas Wertvolles
1 2 6	Was man essen kann	Ein Transportmittel
1 3 1	Eine fiktive Figur	Ein Wort mit 7 Buchstaben
1 3 2	Schauspieler/-in	Etwas Rotes
1 3 3	Etwas Gefährliches	Tier / Insekt
1 3 4	Etwas nicht Lebendiges	Eine berühmte Person
1 3 5	Mit Bezug auf aktuelle Politik	Essbares Objekt
1 3 6	Etwas zum kochen	Etwas Gegenwärtiges
1 4 1	Mit Bezug zur Arbeit	Schauspieler/-in
1 4 2	Name eines Landes / Kontinents	Ein Kleidungs-/Schmuckstück
1 4 3	Eine historische Begebenheit	Ein Reiseziel
1 4 4	Etwas Illegales	Was mit Feuer zu tun hat
1 4 5	Etwas unter Wasser	Name einer Marke
1 4 6	Essbares Objekt	Ein Verb
1 5 1	Eine Stadt	Lebewesen / Pflanze
1 5 2	Eine Sportart	Ein vierbeiniges Wese
1 5 3	Ein Adjektiv	Ein Gesellschaftsspiel
1 5 4	Eine Waffe	Was man trinken kann
1 5 5	Tier / Insekt	Etwas aus der Vergangenheit
1 5 6	Ein Verb (Sex)	Etwas, vor dem man wegläuft
1 6 1	Etwas Fröhliches	Ein Beruf
1 6 2	Etwas, was nicht von dieser Erde ist	Eine fiktive Figur
1 6 3	Etwas Beängstigendes	Ein Verbrechen
1 6 4	Etwas Unerreichbares	Essbares Objekt
1 6 5	Weltraum / Weltall	Etwas Stinkendes
1 6 6	Etwas Realistisches	Etwas zum fotografieren

Bedingungen:

(3. Wurf)

2 1 1	Titel eines/einer Film / TV Serie	Ein Spielzeug
2 1 2	Mit Bezug zur Arbeit	Etwas für einen Urlaub
2 1 3	Etwas Wertvolles	Ein Handwerk
2 1 4	Essbares Objekt	Mit Bezug auf aktuelle Politik
2 1 5	Ein Party-Instrument	Etwas Gefährliches
2 1 6	Ein Ereignis	Titel eines/einer Film / TV Serie
2 2 1	Etwas Kleines	Etwas Religiöses
2 2 2	Titel eines/einer Film / TV Serie	Ein Verb (Sex)
2 2 3	Eine berühmte Person	Ein Transportmittel
2 2 4	Eine Freizeitbeschäftigung	Etwas Fröhliches
2 2 5	Eine Maschine	Was man studieren kann
2 2 6	Was mit Erde zu tun hat	Kleiner als ein Mensch
2 3 1	Ein vierbeiniges Wese	Etwas Trauriges
2 3 2	Schauspieler/-in	Essbares Objekt
2 3 3	Name einer Marke	Was man essen kann
2 3 4	Ein Verbrechen	Titel eines/einer Film / TV Serie
2 3 5	Ein Säugetier	Ein Videospiel / Eine App
2 3 6	Etwas aus der Vergangenheit	Tier / Insekt
2 4 1	Ein Wort mit 5 Buchstaben	Etwas zum kochen
2 4 2	Essbares Objekt	Name eines Landes / Kontinents
2 4 3	Etwas nicht Lebendiges	Schauspieler/-in
2 4 4	Titel eines/einer Film / TV Serie	Ein Werkzeug
2 4 5	Ein Reiseziel	Eine Waffe
2 4 6	Ein Beruf	Eine historische Begebenheit
2 5 1	Eine fiktive Figur	Essbares Objekt
2 5 2	Tier / Insekt	Lebewesen / Pflanze
2 5 3	Ein Nomen	Titel eines/einer Film / TV Serie
2 5 4	Ein Gesellschaftsspiel	Etwas unter Wasser
2 5 5	Was man trinken kann	Etwas Medizinisches
2 5 6	Ein Kleidungs-/Schmuckstück	Eine Sportart
2 6 1	Schauspieler/-in	Eine Stadt
2 6 2	Etwas Gruseliges	Eine Krankheit
2 6 3	Was man kaufen kann	Etwas Illegales
2 6 4	Titel eines/einer Film / TV Serie	Ein Adjektiv (Sex)
2 6 5	Etwas zum Basteln	Etwas, was nicht von dieser Erde ist
2 6 6	Etwas, vor dem man wegläuft	Ein Wort mit 4 Buchstaben

Bedingungen:
(3. Wurf)

3 1 1	Weltraum / Weltall	Titel eines/einer Film / TV Serie
3 1 2	Essbares Objekt	Eine Sportart
3 1 3	Etwas Großes	Tier / Insekt
3 1 4	Mit Bezug auf aktuelle Politik	Etwas unter Wasser
3 1 5	Was man studieren kann	Eine Freizeitbeschäftigung
3 1 6	Etwas mit Zähnen	Was man kaufen kann
3 2 1	Name einer Marke	Schauspieler/-in
3 2 2	Ein Computer-Gegenstand	Eine Maschine
3 2 3	Ein Verb	Ein Säugetier
3 2 4	Titel eines/einer Film / TV Serie	Ein Party-Instrument
3 2 5	Ein Videospiel / Eine App	Was mit Luft zu tun hat
3 2 6	Mit Bezug zur Arbeit	Ein Ereignis
3 3 1	Schauspieler/-in	Was man essen kann
3 3 2	Eine Krankheit	Essbares Objekt
3 3 3	Etwas im Weltall	Ein Transportmittel
3 3 4	Ein Wort mit 5 Buchstaben	Ein Kleidungs-/Schmuckstück
3 3 5	Titel eines/einer Film / TV Serie	Ein Verbrechen
3 3 6	Etwas zum Lachen	Ein Nomen
3 4 1	Etwas, vor dem man wegläuft	Ein vierbeiniges Wese
3 4 2	Tier / Insekt	Titel eines/einer Film / TV Serie
3 4 3	Eine Waffe	Eine fiktive Figur
3 4 4	Etwas für Tiere	Etwas aus der Vergangenheit
3 4 5	Ein Handwerk	Ein Gesellschaftsspiel
3 4 6	Lebewesen / Pflanze	Ein Körperteil
3 5 1	Eine historische Begebenheit	Kleiner als ein Mensch
3 5 2	Titel eines/einer Film / TV Serie	Tier / Insekt
3 5 3	Name eines Landes / Kontinents	Schauspieler/-in
3 5 4	Essbares Objekt	Ein Beruf
3 5 5	Eine Stadt	Name einer Marke
3 5 6	Ein Adjektiv	Titel eines/einer Film / TV Serie
3 6 1	Eine Sportart	Etwas, dass mit Kino zu tun hat
3 6 2	Schauspieler/-in	Was man trinken kann
3 6 3	Etwas, was nicht von dieser Erde ist	Ein Reiseziel
3 6 4	Ein Körperteil	Ein Wort mit 3 Buchstaben
3 6 5	Etwas zum kochen	Etwas Verschließbares
3 6 6	Etwas Adrenalinförderndes	Eine berühmte Person

Bedingungen:
(3. Wurf)

4 1 1	Titel eines/einer Film / TV Serie	Etwas Gefährliches
4 1 2	Ein vierbeiniges Wese	Ein Material
4 1 3	Ein Transportmittel	Etwas Blaues
4 1 4	Etwas unter Wasser	Essbares Objekt
4 1 5	Ein Party-Instrument	Etwas am Körper
4 1 6	Etwas aus der Vergangenheit	Titel eines/einer Film / TV Serie
4 2 1	Ein Wort mit 4 Buchstaben	Etwas, vor dem man wegläuft
4 2 2	Ein Nomen	Ein Handwerk
4 2 3	Ein Ereignis	Lebewesen / Pflanze
4 2 4	Etwas Gruseliges	Schauspieler/-in
4 2 5	Ein Säugetier	Etwas Fröhliches
4 2 6	Titel eines/einer Film / TV Serie	Was man studieren kann
4 3 1	Tier / Insekt	Ein Verb (Gewalt)
4 3 2	Eine fiktive Figur	Eine Krankheit
4 3 3	Eine Maschine	Etwas, was nicht von dieser Erde ist
4 3 4	Was mit Wasser zu tun hat	Etwas zum Essen
4 3 5	Ein Kleidungs-/Schmuckstück	Etwas zum kochen
4 3 6	Ein Verbrechen	Titel eines/einer Film / TV Serie
4 4 1	Eine Freizeitbeschäftigung	Eine Stadt
4 4 2	Name einer Marke	Ein Videospiel / Eine App
4 4 3	Etwas Gegenwärtiges	Eine berühmte Person
4 4 4	Kleiner als ein Mensch	Tier / Insekt
4 4 5	Essbares Objekt	Ein vierbeiniges Wese
4 4 6	Was man essen kann	Name eines Landes / Kontinents
4 5 1	Schauspieler/-in	Ein Wort mit 4 Buchstaben
4 5 2	Ein Beruf	Eine Sportart
4 5 3	Was man trinken kann	Name einer Marke
4 5 4	Titel eines/einer Film / TV Serie	Eine Waffe
4 5 5	Ein Gesellschaftsspiel	Eine historische Begebenheit
4 5 6	Tier / Insekt	Essbares Objekt
4 6 1	Etwas nicht Lebendiges	Titel eines/einer Film / TV Serie
4 6 2	Ein Reiseziel	Eine Frucht / ein Gemüse
4 6 3	Ein Körperteil	Schauspieler/-in
4 6 4	Was man kaufen kann	Ein Adjektiv
4 6 5	Etwas Rotes	Eine fiktive Figur
4 6 6	Etwas, vor dem man wegläuft	Ein Nomen (Gewalt)

Bedingungen:
(3. Wurf)

5 1 1	Etwas Gelbes	Etwas Rundes
5 1 2	Name einer Marke	Ein Beruf
5 1 3	Schauspieler/-in	Ein Verbrechen
5 1 4	Titel eines/einer Film / TV Serie	Etwas Braunes
5 1 5	Etwas zum Tauchen	Kleiner als ein Mensch
5 1 6	Etwas, was nicht von dieser Erde ist	Ein Transportmittel
5 2 1	Ein Verb	Titel eines/einer Film / TV Serie
5 2 2	Eine berühmte Person	Tier / Insekt
5 2 3	Eine Krankheit	Eine Freizeitbeschäftigung
5 2 4	Ein Videospiel / Eine App	Was mit Feuer zu tun hat
5 2 5	Titel eines/einer Film / TV Serie	Essbares Objekt
5 2 6	Eine Sportart	Ein Ereignis
5 3 1	Tier / Insekt	Ein Party-Instrument
5 3 2	Ein Wort mit 5 Buchstaben	Eine Maschine
5 3 3	Eine fiktive Figur	Ein Säugetier
5 3 4	Ein Handwerk	Etwas aus der Vergangenheit
5 3 5	Was man studieren kann	Was man essen kann
5 3 6	Eine Stadt	Ein Kleidungs-/Schmuckstück
5 4 1	Ein Adjektiv	Titel eines/einer Film / TV Serie
5 4 2	Titel eines/einer Film / TV Serie	Name eines Landes / Kontinents
5 4 3	Lebewesen / Pflanze	Ein Wort mit 5 Buchstaben
5 4 4	Ein Nomen	Tier / Insekt
5 4 5	Essbares Objekt	Schauspieler/-in
5 4 6	Etwas für den Strand	Name einer Marke
5 5 1	Tier / Insekt	Ein Gesellschaftsspiel
5 5 2	Eine historische Begebenheit	Was man trinken kann
5 5 3	Name einer Marke	Ein Beruf
5 5 4	Eine Waffe	Etwas Exotisches
5 5 5	Etwas typisch Inländisches	Tier / Insekt
5 5 6	Schauspieler/-in	Ein Reiseziel
5 6 1	Titel eines/einer Film / TV Serie	Etwas unter Wasser
5 6 2	Was man kaufen kann	Essbares Objekt
5 6 3	Ein vierbeiniges Wese	Etwas gegenwärtiges
5 6 4	Etwas Schwarzes	Titel eines/einer Film / TV Serie
5 6 5	Etwas zum kochen	Etwas zum Jagen
5 6 6	Etwas Kleines	Etwas am Auto

Bedingungen:
(3. Wurf)

6 1 1	Etwas aus der Vergangenheit	Eine fiktive Figur
6 1 2	Essbares Objekt	Titel eines/einer Film / TV Serie
6 1 3	Schauspieler/-in	Was man kaufen kann
6 1 4	Tier / Insekt	Essbares Objekt
6 1 5	Was mit Feuer zu tun hat	Etwas, was nicht von dieser Erde ist
6 1 6	Titel eines/einer Film / TV Serie	Name einer Marke
6 2 1	Kleiner als ein Mensch	Eine Sportart
6 2 2	Ein Wort mit 6 Buchstaben	Ein Verb (Sex)
6 2 3	Ein Party-Instrument	Schauspieler/-in
6 2 4	Was man essen kann	Ein Videospiel / Eine App
6 2 5	Etwas am Haus	Tier / Insekt
6 2 6	Ein Transportmittel	Ein Nomen (Sex)
6 3 1	Essbares Objekt	Eine historische Begebenheit
6 3 2	Ein Ereignis	Ein Handwerk
6 3 3	Tier / Insekt	Titel eines/einer Film / TV Serie
6 3 4	Was man trinken kann	Ein Wort mit 6 Buchstaben
6 3 5	Name einer Marke	Etwas im Garten
6 3 6	Ein Verbrechen	Eine Krankheit
6 4 1	Pflanze	Film
6 4 2	Etwas im Meer	Etwas zum kochen
6 4 3	Eine Maschine	Was man studieren kann
6 4 4	Ein Gesellschaftsspiel	Lebewesen / Pflanze
6 4 5	Schauspieler/-in	Etwas unter Wasser
6 4 6	Titel eines/einer Film / TV Serie	Tier / Insekt
6 5 1	Eine Freizeitbeschäftigung	Name einer Marke
6 5 2	Tier / Insekt	Eine berühmte Person
6 5 3	Eine Geschlechtskrankheit	Titel eines/einer Film / TV Serie
6 5 4	Ein Beruf	Eine Waffe
6 5 5	Ein Säugetier	Essbares Objekt
6 5 6	Titel eines/einer Film / TV Serie	Ein vierbeiniges Wese
6 6 1	Eine fiktive Figur	Ein Handwerk
6 6 2	Ein Kleidungs-/Schmuckstück	Eine Stadt
6 6 3	Name einer Marke	Ein Adjektiv (Sex)
6 6 4	Etwas unter Wasser	Name eines Landes / Kontinents
6 6 5	Etwas Friedliches	Ein Körperteil
6 6 6	Ein Begriff der Medizin	Titel eines/einer Film / TV Serie

Spiel 2: Spiel-Blatt

Teilnehmer/-in	P_{Beginn}	R01	R02	R03	R04	R05	R06	R07	R08	R09	R10	P_{Ende}

P = Punkte (zu Beginn oder Ende),
R = Runde

37

Spiel-Blatt:

Teilnehmer/-in	P_{Beginn}	R01	R02	R03	R04	R05	R06	R07	R08	R09	R10	P_{Ende}

P = Punkte (zu Beginn oder Ende),
R = Runde

38

Spiel-Blatt:

Teilnehmer/-in	P_{Beginn}	R01	R02	R03	R04	R05	R06	R07	R08	R09	R10	P_{Ende}

P = Punkte (zu Beginn oder Ende),
R = Runde

39

Spiel-Blatt:

Teilnehmer/-in	P_{Beginn}	R01	R02	R03	R04	R05	R06	R07	R08	R09	R10	P_{Ende}

P = Punkte (zu Beginn oder Ende),
R = Runde

Spiel 3:
CODE DETECTIVE

Du bist Code-Knacker, Hacker, Suchender und Erlöser zugleich.

In Code-Detective liegt deine Aufgabe darin, einen dir unbekannten Code
für dich bzw. dein Team zu knacken... und das möglichst schnell...
und vor allem vor deinem Gegner.

Viel Erfolg und Spass...

Kurz-Anleitung

1. Teams bzw. Spieler und Spielleiter bestimmen (1 Würfel)
2. Spielleiter bestimmt Code-Variante (1 Würfel → Buch „Aufgaben")
3. Spielleiter bestimmt Code (2 Würfel → Buch-Spalte „Wurf")
   Spielleiter zeichnet Anzahl Zeichen als Quadrate auf Blatt Papier
4. Spieler bestimmen, wer Zug beginnt (1 Würfel)
5. Spieler würfelt für erste Buchstabenkombination (2 Würfel)
   Spielleiter nennt Buchstaben-Optionen (Buch „Buchstaben")
6. Spieler wählt einen Buchstaben aus, Spielleiter überprüft Inhalt Code
7. Buchstabe Teil des Codes → Spielleiter trägt Buchstaben ein
8. Züge 4. bis 7. werden abwechselnd durch die Personen/Teams gespielt
9. Code/Lösung ermitteln, Punkte ermitteln und Zug damit beenden
10. Nächste Runde (inkl. Spielleiterwechsel)

42

Spiel 3:
Anleitung

Für dieses Spiel sind mindestens 3 Teilnehmer erforderlich. Zwei sich duellierende, aktive Spieler bzw. Teams sowie ein Spielleiter, der pro Aufgabe passiv am Spiel teilnimmt. Zudem wird das komplette Spiel mit nur 2 Würfeln gespielt. Zu Beginn vollzieht jeder Spieler einen Würfel-Wurf mit einem Würfel. Die Person mit der höchsten Augenzahl wird als erster Spielleiter festgelegt. Der Spielleiter sowie die Spieler wechseln mit jeder erfüllten Aufgabe im Uhrzeigersinn und übergeben ihre jeweilige Rolle an die Person links von ihm/ihr.

Zu Beginn des Spiels würfelt der Spielleiter, mit einem Würfel, um die zufällige Code-/Wort-Variante (Aufgaben 1 - 6) für die Spieler zu bestimmen. Mit dem zweiten Wurf, mit zwei Würfeln, um den zu knackenden Code für die Spieler zu identifizieren. Aus den gegebenen Möglichkeiten der Zeile (mit der Aufgabennummer) wählt der Spielleiter nun einen Code für die Spieler aus. Im Anschluss zeichnet der Spielleiter anhand der angegebenen Zeichenanzahl Quadrate auf ein separates Blatt Papier (z.B. Zeichenanzahl 6 – Spielleiter zeichnet 6 Quadrate). Die Quadrate stellen das fiktive Eingabefeld für den zu ermittelnden Code dar. Nun würfeln die beiden Spieler bzw. Teams jeweils mit einem Würfel. Die Person mit der höchsten Augenzahl eröffnet das Spiel. Bis zur Lösung der Aufgabe wird ab sofort pro Zug abwechselnd zwischen den Spielern bzw. Teams gewechselt.

Erster Spielzug: Die beginnende Person würfelt mit zwei Würfeln. Aus beiden Augenzahlen ermittelt der Spielleiter nun die möglichen Optionen für den Spieler bzw. das Team und liest diese einmal laut vor (siehe Liste „Buchstaben"). Die Zahlenfolge ergibt sich aus der Leserichtung des aktuellen Spielleiters (von links nach rechts). Eine Wiederholung der Buchstaben ist dem Spielleiter nicht gestattet. Der aktuelle Spieler kann nun einen der genannten Buchstaben einsetzen, in der Hoffnung, dass der Buchstabe Teil des zu knackenden Codes ist. Der Spielleiter gleicht die genannte Antwort mit der ihm bekannten Lösung ab und hinterlegt, sofern der Buchstabe tatsächlich im Code enthalten sind, den Buchstaben in dem hierzu passenden Quadrat. Im Code nicht enthaltene Buchstaben werden separat und für alle sichtbar aufgeschrieben, um die Doppel-Nennung bereits genannter Buchstaben zu vermeiden. Unabhängig davon, ob der Buchstabe Teil des Codes ist oder nicht, ist nun die gegnerische Partei wieder am Zug. Das Spiel wird bis zur Lösung des Codes abwechselnd nach dem gleichen Prinzip weitergespielt bzw. wiederholt, bis der Code geknackt ist.

Ab dem Zeitpunkt, der ersten Buchstabennennung, steht es beiden Parteien jederzeit frei, eine Lösung zu präsentieren, sofern sie glauben, den vorliegenden Code geknackt zu haben. Hierzu muss dem Spielleiter der Lösungswunsch eindeutig mitgeteilt werden (z.B. mit „Ich will lösen!"). Aber Vorsicht: Je falsche Lösung wird dem lösenden Spieler bzw. dem Team 1 Punkt abgezogen und das Spiel im Anschluss fortgeführt. Der Spieler bzw. das Team mit der korrekten Lösung erspielt hingegen den definierten Punktewert aus der Wertetabelle (siehe rechte Spalte, Liste „Aufgaben").

⚀ ⚀ Ungerader Pasch:
Würfelt der aktive Spieler einen ungeraden Pasch (1-1, 3-3, 5-5), darf dieser seinen Buchstaben selbst frei wählen.

⚁ ⚁ Gerader Pasch:
Würfelt der aktive Spieler einen geraden Pasch (2-2, 4-4, 6-6), darf dieser aus den vom Spielleiter genannten Optionen zwei Buchstaben wählen bzw. zum Code-Knacken versuchen.

Anzahl Spieler

Min.   Max.

3   +99

Spielzeit
(in Minuten ca.)

Min.   Max.

15   +120

Teilnehmer-Strafe:
Wiederholt der Spieleleiter die Buchstabenfolge oder fordert ein Spieler den Spielleiter hierzu auf, erhält die jeweilige Person bzw. das Team 1 Punkt Abzug. Versucht ein Spieler oder der Spielleiter eindeutig zu betrügen, führt dies zum sofortigen Abbruch des Zuges. Die Person ist vom nächsten Zug vollständig auszuschließen. Zudem werden der Person bzw. dem Team 5 Punkte abgezogen.

Zeitlimit je Code:
Ist ein Code nach 15 Minuten nicht geknackt worden, so endet der aktuelle Zug und ein neuer Code wird durch den Spielleiter festgelegt. Der Code darf durch den Spielleiter in Form eines von ihm definierten Wortes neu festgelegt werden. Der Spielleiter hat bei der Auswahl des Codes Neutralität zu wahren.

Varianten / Alternative Spielmöglichkeiten

Variante 1: Zeitspiel (kurze Spielzeit)
Es werden max. 5 Codes pro Spiel gespielt. Der Spieler bzw. das Team mit den meisten Punkten am Ende gewinnt.

Variante 2: Runden-/Rollenspiel (mittlere Spielzeit)
Das Spiel endet, sobald jeder Teilnehmer einmal die Rolle des Spielleiters wahrgenommen hat und das Buch wieder beim ersten Spielleiter angekommen ist. Der Spieler mit den meisten Punkten gewinnt.

Variante 3: Lebenspunkte (lange Spielzeit)
Jeder Spieler bzw. jedes Team verfügt zu Beginn über 10 Lebenspunkte. Sind diese pro Spieler bzw. Team aufgebraucht endet das Spiel und das gegnerische Partei gewinnt.

Hintergründe und Ziele des Spiels

Das Spiel ist darauf ausgelegt, konzentriert und schnell zu arbeiten. Eine unbekannte Buchstabenfolge oder einen unbekannten Begriff zu erraten erfordert ein hohes Maß an Geduld und ein teamorientiertes, taktisches Vorgehen. Jeder Spieler wird zum Hacker, doch der Preis lohnt sich. Vernichte deine Gegner, indem du cleverer und gemäßigter bist als dein/deine Gegenüber. Viel Spass !!!

Spiel 3: Buchstaben

Wurf	Buchstabenoption 1	Buchstabenoption 2	Buchstabenoption 3
11	☺	☺	☺
12	A	G	X
13	H	B	Y
14	U	I	C
15	Z	D	J
16	E	K	T
21	L	F	A
22	B	M	G
23	F	H	N
24	U	E	W
25	O	J	D
26	S	C	K
31	B	L	P
32	M	A	R
33	☺	☺	☺
34	Q	N	Z
35	C	Y	O
36	X	P	D
41	Q	W	E
42	F	R	V
43	G	T	S
44	U	T	H
45	U	S	I
46	J	V	R
51	V	Q	W
52	P	X	K
53	Y	O	L
54	M	Z	N
55	☺	☺	☺
56	L	B	O
61	C	K	P
62	Q	D	J
63	R	I	E
64	H	F	S
65	G	T	I
66	A	E	S

☺ = Der Buchstabe darf frei gewählt werden

Spiel 3: Aufgaben

Wurf	Code	Zeichenanzahl	Code	Zeichenanzahl	Punkte
11	BMEAT	5	AESAB	5	2
12	HTGMG	5	CATHQ	5	2
13	FSTEA	5	OQKRC	5	2
14	SSOFV	5	LSDEE	5	2
15	OVHWWP	6	MBENIA	6	3
16	KHGNEX	6	YYOWLV	6	3
21	KFNEIX	6	SUSSEX	6	3
22	YYQWER	6	SJDFHZ	6	3
23	ZZLMNQ	6	KLWCXX	6	3
24	OENFIW	6	JHGFDS	6	3
25	ISAAJE	6	OPPHZW	6	3
26	QWERTZ	6	IEJDIY	6	3
31	IHRTER	6	MNBVCX	6	3
32	KERNSA	6	XXNNMM	6	3
33	XCUZZT	6	POPOWO	6	3
34	YSDFJK	6	FGHJKL	6	3
35	LHDQTO	6	OPSSLK	6	3
36	GHNCVN	6	QQVBNU	6	3
41	PHTCDW	6	TZNNXY	6	3
42	JHTVFF	6	BWLASS	6	3
43	ABCPWL	6	JURYIT	6	3
44	JARHET	6	KKKTER	6	3
45	UWEHFO	6	OSNETTK	6	3
46	JJWQDD	6	IUHNGR	6	3
51	LKKWCUU	7	EINSOWN	7	4
52	PPAQRZC	7	JFECIID	7	4
53	KLWWVIA	7	OKLWERT	7	4
54	ZNSOWDE	7	KLJEEIO	7	4
55	AXNEOGE	7	OWNAWFI	7	4
56	HUKLSAW	7	DDOODDO	7	4
61	KWQWNNR	7	FFPERLL	7	4
62	XYUYUNJ	7	KLOWNEA	7	4
63	ASORTKE	7	CNEOSLE	7	4
64	FGRNSXX	7	OPWSSJF	7	4
65	MEOAGHE	7	KJOJXUE	7	4
66	JESOWAS	7	AESHNMI	7	4

Aufgaben:

Wurf	Wort	Zeichenanzahl	Wort	Zeichenanzahl	Punkte
11	PFAND	5	STAMM	5	1
12	LUXUS	5	ZWECK	5	1
13	THEKE	5	ABRUF	5	1
14	CHROM	5	REVUE	5	1
15	TERROR	6	WUCHER	6	2
16	DROHNE	6	NYMPHE	6	2
21	ARCHIV	6	BUNKER	6	2
22	MACHEN	6	TEUFEL	6	2
23	WEIBER	6	ZETTEL	6	2
24	BYPASS	6	ARMADA	6	2
25	ZIRKUS	6	DUNKEL	6	2
26	ANTRAG	6	TERMIN	6	2
31	DOZENT	6	ANTEIL	6	3
32	ERLASS	6	DROGEN	6	3
33	BIERBAR	7	ABFLUSS	7	3
34	GEWINDE	7	SPASTIK	7	3
35	PASSANT	7	ELIXIER	7	3
36	DEPONIE	7	MODULAR	7	3
41	FELDZUG	7	WAGEMUT	7	3
42	HABGIER	7	BIOLOGE	7	3
43	DOGMATIK	8	BESIEGEN	8	4
44	KRUZIFIX	8	PARKHAUS	8	4
45	EINSICHT	8	IDEALIST	8	4
46	NOTSTAND	8	LEERLAUF	8	4
51	RACHEAKT	8	ABBIEGER	8	4
52	DECKNAME	8	INFANTIL	8	4
53	EDELSTEIN	9	HANDGRIFF	9	4
54	BALLISTIK	9	TAKTIEREN	9	4
55	EINIGKEIT	9	ABZEICHEN	9	4
56	INFEKTION	9	OBDUKTION	9	4
61	UNTERDRUCK	10	LUSTGEWINN	10	5
62	PROVOKATIV	10	WIRTSCHAFT	10	5
63	ZWIETRACHT	10	PAPIERGELD	10	5
64	NACHTIGALL	10	GEIZKRAGEN	10	5
65	ORGANISMEN	10	KUNSTSZENE	10	5
66	POLITKRIMI	10	FRIKADELLE	10	5

Aufgaben:

Wurf	Wort	Zeichenanzahl	Wort	Zeichenanzahl	Punkte
11	LUNGE	5	HODEN	5	1
12	CURRY	5	EKLAT	5	1
13	GOUDA	5	IDIOT	5	1
14	AFFEN	5	HABEN	5	1
15	JACKE	5	FAKES	5	2
16	AZUBI	5	DABEI	5	2
21	FAHNE	5	BASIS	5	2
22	ECHSE	5	DUELL	5	2
23	AACHEN	6	FABRIK	6	2
24	JAGUAR	6	ZUFALL	6	2
25	PACKEN	6	VAKANZ	6	2
26	NERVEN	6	ANWALT	6	2
31	BEAMTE	6	GIERIG	6	3
32	JUSTIZ	6	NORDEN	6	3
33	ZYKLUS	6	KAISER	6	3
34	SCHLAF	6	KOBOLD	6	3
35	LINEAL	6	TEMPEL	6	3
36	DYNAMIK	7	ABNAHME	7	3
41	KNOCHEN	7	BEILEID	7	3
42	ABSICHT	7	GAMMLER	7	3
43	FLUGZEIT	8	FELDZUG	7	4
44	ANEKDOTE	8	ARROGANZ	8	4
45	EINSTURZ	8	ILLUSION	8	4
46	LEHRBUCH	8	ANSCHISS	8	4
51	MEHRWERT	8	EMIGRANT	8	4
52	BEKENNER	8	HOCHSITZ	8	4
53	OBSESSION	9	DROHBRIEF	9	4
54	BLAMIEREN	9	IRRGLAUBE	9	4
55	KAUFSUMME	9	BEFRISTET	9	4
56	OBERHAUPT	9	RESISTENZ	9	5
61	VEREDELUNG	10	HAUPTKAMPF	10	5
62	EHRENKODEX	10	WERBEVIDEO	10	5
63	ANTHOLOGIE	10	HILFSSTOFF	10	5
64	KUPFERMINE	10	BUDDHISMUS	10	5
65	ABERGLAUBE	10	GIFTSTOFFE	10	5
66	HERZSCHLAG	10	EHEVERTRAG	10	5

Aufgaben:

Wurf	Code	Zeichenanzahl	Code	Zeichenanzahl	Punkte
11	SXZY	4	ZWYX	4	3
12	NZAI	4	QKLO	4	3
13	PTSC	4	DAPY	4	3
14	NTSA	4	LKZG	4	3
15	XQYI	4	OXHG	4	3
16	QKROV	5	EOVMR	5	3
21	WEOFI	5	UWEZS	5	3
22	WUEVY	5	QWZSE	5	3
23	WESMO	5	RIATY	5	3
24	ADVUR	5	URZSQ	5	3
25	KLSWA	5	WOWAS	5	3
26	DOMKA	5	OIWEF	5	3
31	OXYGEN	6	AOPDES	6	3
32	WEUFOH	6	VWCEQQ	6	3
33	FQEFDS	6	MNLESI	6	3
34	OCXYPE	6	OEWNFD	6	3
35	MWESAW	6	EWRWTV	6	3
36	LOPASD	6	FEFWFQ	6	3
41	LOPASDF	7	WPLWADE	7	4
42	CCVWOAH	7	GFEWADF	7	4
43	EOMFSFD	7	EWHGTSO	7	4
44	NEUFWASD	8	WEFWUOAR	8	4
45	PCIWEJFW	8	LAKWEBSW	8	4
46	FWFWAWOB	8	WEFUFLSP	8	4
51	WRFOWOHB	8	WEOQFIJV	8	4
52	WQMXYUAE	8	EFWETDVD	8	4
53	OWEJNJSJY	9	WEPSFDMSI	9	4
54	EWUFWDSQX	9	IJWIASDCD	9	4
55	YPWADVSDE	9	LNUTSDTEN	9	4
56	PAZDEFENE	9	RASFEASCI	9	4
61	VSDJJWREF	9	KLOARFEFD	9	5
62	SWFVEPLVDS	10	WQOWPEIJWC	10	5
63	WIEFHFNEES	10	WEOUFINNVAS	11	5
64	WEFGHEDFNVU	11	NEHFIHXWEDF	11	5
65	LUEFHIHVSDA	11	RIYPEWBFWBS	11	5
66	HEWVWFPSMME	11	XYZQAELKWFD	11	5

Aufgaben:

Wurf	Wort	Zeichenanzahl	Wort	Zeichenanzahl	Punkte
11	ORAL	4	HURE	4	1
12	ALIBI	4	FUCK	4	1
13	PENIS	5	LATTE	5	1
14	XENON	5	AFTER	5	1
15	QUARTZ	6	QUALLE	6	2
16	SKLAVE	6	ZYKLEN	6	2
21	LIBIDO	6	VAGINA	6	2
22	TITTEN	6	DOMINA	6	2
23	LESBEN	6	YANKEE	6	2
24	FICKEN	6	LECKEN	6	2
25	XERXES	6	SPERMA	6	2
26	POPPEN	6	GPUNKT	6	2
31	BUKKAKE	7	ALKOHOL	7	3
32	PEEGASM	7	NOTGEIL	7	3
33	RASIERT	7	BASTARD	7	3
34	ORALSEX	7	SPANNER	7	3
35	BLOWJOB	7	SPUCKEN	7	3
36	FRIGIDE	7	WICHSEN	7	3
41	DESSOUS	7	BORDELL	7	3
42	YANTHEN	7	ANALSEX	7	3
43	EJAKULAT	8	SPRITZER	8	4
44	XYLOPHON	8	ANKACKEN	8	4
45	VIBRATOR	8	LUSTSTAB	8	4
46	LUTSCHER	8	EREKTION	8	4
51	BUSENSEX	8	ORGASMUS	8	4
52	KLITORIS	8	SADOMASO	8	4
53	SAMENBANK	9	ONANIEREN	9	4
54	MENOPAUSE	9	MILCHBUBI	9	4
55	SCHLUCKEN	9	ARSCHLOCH	9	4
56	KAMASUTRA	9	ZUNGENKUSS	10	5
61	DOGGYSTYLE	10	SAFTPRESSE	10	5
62	SEXMACHINE	10	GRUPPENSEX	10	5
63	FISCHGERUCH	11	RUNTERHOLEN	11	5
64	HOMOSEXUELL	11	TESTOSTERON	11	5
65	NYMPHOMANIE	11	ROLLENSPIEL	11	5
66	FINGERSPIELE	12	MASTRUBATION	12	5

Aufgaben:

Wurf	Wort	Zeichenanzahl	Wort	Zeichenanzahl	Punkte
11		3		3	1
12		4		4	1
13		4		5	1
14		5		5	1
15		6		6	2
16		6		6	2
21		6		6	2
22		6		6	2
23		6		6	2
24		6		6	2
25		6		6	2
26		6		6	2
31		7		7	3
32		7		7	3
33		7		7	3
34		7		7	3
35		7		7	3
36		7		7	3
41		7		7	3
42		7		7	3
43		8		8	4
44		8		8	4
45		8		8	4
46		8		8	4
51		8		8	4
52		8		8	4
53		9		9	4
54		9		9	4
55		9		9	4
56		9		10	5
61		10		10	5
62		10		10	5
63		11		11	5
64		11		11	5
65		11		11	5
66		12		12	5

Die Wörter müssen unter Berücksichtigung der passenden Zeichenanzahl frei durch den aktuellen Spielleiter definiert werden.

Spiel 3: Spiel-Blatt

Teilnehmer/-in	P_{Beginn}	R01	R02	R03	R04	R05	R06	R07	R08	R09	R10	P_{Ende}

P = Punkte (zu Beginn oder Ende),
R = Runde

Spiel-Blatt:

Teilnehmer/-in	P_{Beginn}	R01	R02	R03	R04	R05	R06	R07	R08	R09	R10	P_{Ende}

P = Punkte (zu Beginn oder Ende),
R = Runde

Spiel-Blatt:

Teilnehmer/-in	P_{Beginn}	R01	R02	R03	R04	R05	R06	R07	R08	R09	R10	P_{Ende}

P = Punkte (zu Beginn oder Ende),
R = Runde

54

Spiel 4:
MINDWAR GO

© Wes Moriarty

Wie gut harmonieren du und dein Gegner unter Druck?
Vor allem, wenn ihr zum Gewinnen
aufeinander angewiesen seid?

MINDWAR GO verlangt Präzision und Geschick.
Errate die von deinem Gegner festgelegten Begriffe,
nur mit Hilfe eines Verbindungswortes pro Begriff.

Eine harte Aufgabe. Aber du willst ja auch schließlich gewinnen!

Kurz-Anleitung

1. Teams bzw. Spieler und Spielleiter bestimmen (1 Würfel)
2. Spieler bestimmt Kategorie (1 Würfel → Buch „Kategorie")
3. Spieler bestimmt Buchstabe (3 Würfel → Buch „Buchstaben")
4. Spieler bestimmt Anzahl Begriffe (1 Würfel → Augenzahl 1 - 6)
5. Spieler notiert Begriffe auf Blatt Papier (Zeit: insgesamt 60 Sekunden)
6. Spieler nennt Verbindungswort pro Begriff
7. Gegner/Mitspieler muss Begriff(e) anhand Verbindungswort erraten (Zeit: insgesamt 60 Sekunden)
8. Punkte ermitteln und Zug damit beenden
9. Nächste Runde (inkl. Spielleiterwechsel)

Spiel 4:
Anleitung

Zu Beginn vollzieht jeder Spieler einen Würfel-Wurf. Die Person mit der höchsten Augenzahl wird als erster Spielleiter festgelegt. Die Person mit der niedrigsten Augenzahl ist der erste Spieler. Der Spielleiter sowie der Spieler wechseln mit jeder erfüllten Aufgabe im Uhrzeigersinn und übergeben ihre jeweilige Rolle an die Person links von ihm/ihr. In diesem Spiel spielen jeweilig nur ein Spielleiter und ein Spieler pro Zug. Der erste Würfel-Wurf (Spieler würfelt mit einem Würfel) legt die Kategorie fest, in der gespielt wird (siehe Liste „Kategorie"). Mit dem zweiten Wurf (Spieler würfelt mit drei Würfeln) wird der Buchstabe bestimmt, mit dem der gesuchte Begriff bzw. alle gesuchten Begriffe beginnen müssen (siehe Liste „Buchstaben"). Mit dem dritten Wurf (Spieler würfelt mit einem Würfel) wird zuletzt die Anzahl der zu spielenden Begriffe festgelegt (anhand gewürfelter Augenzahl).

Der Spieler schreibt verdeckt die zu spielenden Begriffe in einer logisch nachvollziehbaren Reihenfolge auf ein Blatt Papier (z.B. neben- oder untereinander). Hierfür hat dieser 60 Sekunden Zeit. Nach Ablauf der Zeit, unabhängig ob alle Begriffe aufgeschrieben wurden, beginnt das Spiel für beide Personen. Gespielt werden dürfen nur vollständige und für Dritte lesbare Begriffe. Mit Beginn des Spiels nennt der Spieler nun ein einziges Wort, welches mit dem ersten Begriff in Verbindung steht. Dieses Wort dient dem Spielleiter als Hinweis, um den gesuchten Begriff zu erraten. Das ausgesprochene Wort darf dabei nicht dem gleichen Wortstamm angehören oder als Synonym für den gesuchten Begriff gelten. Pro gesuchten Begriff darf seitens des Spielers nur ein einziges Wort genannt werden. Pro erratenen Begriff erhält sowohl der Spielleiter als auch der Spieler 1 Punkt. Jeder nicht erratene Begriff führt bei beiden Personen zum Abzug von 1 Punkt pro Begriff. Die Zeitbegrenzung pro Zug - zum Erraten aller Begriffe - beträgt 60 Sekunden.

Mehrfachnennungen/Recycling von Begriffen:
Wortstämme von Begriffen aus vorherigen Zügen dürfen nicht wiederverwendet werden (z.B. Begriff: Lesung – Ausschluss: lesen, Lesezirkel). Das Aufschreiben derartiger Begriffe, durch den Spieler, oder das Nennen eines bereits genannten Begriffes, durch den Spielleiter, führen zum direkten Punktabzug bei der jeweiligen Person und zum sofortigen Abbruch des Zuges bei Bekanntwerden des Regelverstoßes. Die zuvor erspielten Punkte innerhalb des Zuges bleiben erhalten. Für den Verstoß wird der jeweiligen Person allerdings zusätzlich 2 Punkte abgezogen.

Min.	Max.
4	+99

(in Minuten ca.)

Min.	Max.
30	90

Spieler/Spielleiter-Strafe:
Versucht ein Spieler oder der Spielleiter eindeutig zu betrügen, führt dies zum sofortigen Abbruch des Zuges. Der Spieler und/oder der Spielleiter ist/sind vom nächsten Zug vollständig auszuschließen. Zudem wird/werden der/den Person(en) 5 Punkte abgezogen.

<u>Variante 1:</u> Runden-Spiel (kurze Spielzeit)
Das Spiel endet, sobald jeder Teilnehmer 10x die Rolle des Spielleiters wahrgenommen hat und das Buch wieder beim ersten Spielleiter angekommen ist. Der Spieler mit den meisten Punkten gewinnt.

<u>Variante 2:</u> Lebenspunkte (lange Spielzeit)
Jeder Spieler bzw. jedes Team verfügt zu Beginn über 10 Lebenspunkte. Ziel ist es, als letzter Überlebender übrig zu bleiben. Im Duell zwischen zwei Teilnehmern ist die Rolle des Spielleiters von einem Dritten wahrzunehmen. Für die Ermittlung ist je abgeschlossene Aufgabe und aktiven Spieler (Spieler und Gegner) die Wertetabelle anzuwenden:

Je erratener Begriff: + 0,5 Punkte (beide Spieler)
Je nicht erratener Begriff / ungültig: - 1,0 Punkt (beide Spieler)

<u>Variante 3:</u> Spielzeit-Würfel (mittlere Spielzeit)
Zu Beginn des Spiels wird von einer spielunabhängigen Person mit einem Würfel gewürfelt. Die Augenzahl wird mit 10 multipliziert und stellt die Gesamtspielzeit in Minuten dar. Die übrigen Teilnehmer erfahren die Gesamtspieldauer nicht. Die Gesamtspielzeit in Minuten wird in einem Timer (z.B. in einem Handy) verdeckt eingegeben und das Spiel gestartet. Nach Ablauf der Gesamtspielzeit (durch ein Signal) endet das Spiel und es gewinnt derjenige Spieler, welcher bis dahin die meisten Punkte erspielt hat.

Hintergründe und Ziele des Spiels

Das Spiel ist darauf ausgelegt, seinen Gegner kennen, verstehen und lenken zu lernen. Zwei Kontrahenten, dazu verdammt, kurzzeitig zusammenzuarbeiten und dennoch den eigenen Sieg zu fokussieren. Glück und Raffinesse sind gefordert. Knifflig.

Spiel 4: Kategorie
(1. Wurf)

BRUTALES / VERWERFLICHES

Die Lösung der Aufgabe muss in Verbindung mit der Kategorie stehen und bei Nachfragen mit einem Beispiel belegt werden.

ASSOZIALES VERHALTEN

Die Lösung der Aufgabe muss in Verbindung mit der Kategorie stehen und bei Nachfragen mit einem Beispiel belegt werden.

BELEIDIGUNGEN / SCHIMPFWÖRTER

Die Lösung der Aufgabe muss in Verbindung mit der Kategorie stehen und bei Nachfragen mit einem Beispiel belegt werden.

VERSAUTES / PERVERS

Die Lösung der Aufgabe muss in Verbindung mit der Kategorie stehen und bei Nachfragen mit einem Beispiel belegt werden.

PERSÖNLICHE HARTE FAKTEN / INTIMES / GEHEIMNISSE

Die Lösung der Aufgabe muss in Verbindung mit der Kategorie stehen und bei Nachfragen mit einem Beispiel belegt werden.

FREIE KATEGORIENWAHL

Der Spieler darf zwischen einer der fünf Kategorien frei wählen.

1 1 1	☺	2 1 1	T	3 1 1	I	4 1 1	A	5 1 1	S	6 1 1	O
1 1 2	A	2 1 2	M	3 1 2	W	4 1 2	E	5 1 2	K	6 1 2	E
1 1 3	G	2 1 3	W	3 1 3	Z	4 1 3	P	5 1 3	H	6 1 3	G
1 1 4	M	2 1 4	P	3 1 4	N	4 1 4	L	5 1 4	R	6 1 4	S
1 1 5	O	2 1 5	O	3 1 5	T	4 1 5	K	5 1 5	O	6 1 5	A
1 1 6	H	2 1 6	E	3 1 6	J	4 1 6	I	5 1 6	Z	6 1 6	J
1 2 1	L	2 2 1	W	3 2 1	E	4 2 1	F	5 2 1	I	6 2 1	T
1 2 2	T	2 2 2	☺	3 2 2	D	4 2 2	O	5 2 2	F	6 2 2	M
1 2 3	I	2 2 3	A	3 2 3	P	4 2 3	S	5 2 3	B	6 2 3	D
1 2 4	K	2 2 4	K	3 2 4	Z	4 2 4	N	5 2 4	K	6 2 4	N
1 2 5	Z	2 2 5	F	3 2 5	F	4 2 5	L	5 2 5	R	6 2 5	F
1 2 6	B	2 2 6	E	3 2 6	M	4 2 6	K	5 2 6	S	6 2 6	N
1 3 1	G	2 3 1	R	3 3 1	G	4 3 1	L	5 3 1	S	6 3 1	H
1 3 2	E	2 3 2	G	3 3 2	W	4 3 2	E	5 3 2	N	6 3 2	O
1 3 3	P	2 3 3	H	3 3 3	☺	4 3 3	H	5 3 3	P	6 3 3	A
1 3 4	M	2 3 4	N	3 3 4	P	4 3 4	E	5 3 4	W	6 3 4	L
1 3 5	S	2 3 5	E	3 3 5	N	4 3 5	L	5 3 5	U	6 3 5	S
1 3 6	E	2 3 6	P	3 3 6	A	4 3 6	R	5 3 6	D	6 3 6	B
1 4 1	R	2 4 1	D	3 4 1	G	4 4 1	E	5 4 1	J	6 4 1	Z
1 4 2	W	2 4 2	Z	3 4 2	U	4 4 2	B	5 4 2	M	6 4 2	T
1 4 3	A	2 4 3	M	3 4 3	B	4 4 3	O	5 4 3	E	6 4 3	G
1 4 4	B	2 4 4	H	3 4 4	K	4 4 4	☺	5 4 4	H	6 4 4	A
1 4 5	D	2 4 5	J	3 4 5	G	4 4 5	F	5 4 5	M	6 4 5	W
1 4 6	L	2 4 6	R	3 4 6	L	4 4 6	A	5 4 6	O	6 4 6	N
1 5 1	G	2 5 1	B	3 5 1	K	4 5 1	P	5 5 1	Z	6 5 1	O
1 5 2	F	2 5 2	G	3 5 2	R	4 5 2	K	5 5 2	W	6 5 2	A
1 5 3	S	2 5 3	W	3 5 3	J	4 5 3	Z	5 5 3	M	6 5 3	N
1 5 4	I	2 5 4	T	3 5 4	L	4 5 4	G	5 5 4	B	6 5 4	U
1 5 5	D	2 5 5	M	3 5 5	A	4 5 5	U	5 5 5	☺	6 5 5	T
1 5 6	E	2 5 6	J	3 5 6	F	4 5 6	O	5 5 6	L	6 5 6	R
1 6 1	A	2 6 1	F	3 6 1	S	4 6 1	P	5 6 1	U	6 6 1	B
1 6 2	W	2 6 2	R	3 6 2	L	4 6 2	J	5 6 2	J	6 6 2	I
1 6 3	O	2 6 3	E	3 6 3	H	4 6 3	R	5 6 3	S	6 6 3	A
1 6 4	D	2 6 4	B	3 6 4	G	4 6 4	L	5 6 4	N	6 6 4	E
1 6 5	G	2 6 5	T	3 6 5	I	4 6 5	S	5 6 5	H	6 6 5	T
1 6 6	B	2 6 6	L	3 6 6	U	4 6 6	K	5 6 6	M	6 6 6	☺

☺ = Der Buchstabe darf frei gewählt werden

Spiel 4: Spiel-Blatt

Teilnehmer/-in	P_{Beginn}	R01	R02	R03	R04	R05	R06	R07	R08	R09	R10	P_{Ende}

P = Punkte (zu Beginn oder Ende),
R = Runde

Spiel-Blatt:

Teilnehmer/-in	P_{Beginn}	R01	R02	R03	R04	R05	R06	R07	R08	R09	R10	P_{Ende}

P = Punkte (zu Beginn oder Ende),
R = Runde

Spiel-Blatt:

Teilnehmer/-in	P_{Beginn}	R01	R02	R03	R04	R05	R06	R07	R08	R09	R10	P_{Ende}

P = Punkte (zu Beginn oder Ende),
R = Runde

Spiel-Blatt:

Teilnehmer/-in	P_{Beginn}	R01	R02	R03	R04	R05	R06	R07	R08	R09	R10	P_{Ende}

P = Punkte (zu Beginn oder Ende),
R = Runde

Spiel-Blatt:

Teilnehmer/-in	P_{Beginn}	R01	R02	R03	R04	R05	R06	R07	R08	R09	R10	P_{Ende}

P = Punkte (zu Beginn oder Ende),
R = Runde

Spiel-Blatt:

Teilnehmer/-in	P_{Beginn}	R01	R02	R03	R04	R05	R06	R07	R08	R09	R10	P_{Ende}

P = Punkte (zu Beginn oder Ende),
R = Runde

66

Spiel 5:
EVIL MOVE

© Wes Moriarty

Schwitzen, stottern und verbiegen?
Mit EVIL MOVE wird dir die Schamesröte ins Gesicht getrieben.

Löse Aufgaben in dem dir gegebenen Zeitfenster oder
beobachte einfach, wie Andere diese Aufgabe für dich erledigen,
du aber dennoch Punkte ergatterst.

EVIL MOVE ist ein kreatives Zeitspiel für Jedermann.
Anschnallen und (fremd-)schämen...

Kurz-Anleitung

1. Teams bzw. Spieler und Spielleiter bestimmen (1 Würfel)
2. Spieler bestimmt Zeiteinsatz wird mit 1. Wurf bestimmt
   (1 Würfel → Augenzahl x 10 Sekunden)
3. Spieler bestimmt Aufgabe
   (1. Wurf + 2. Wurf (2 Würfel) → Buch „Aufgaben")
4. Spieler bestimmt Schlüsselwort
   (3. Wurf (2 Würfel) → Buch „Optionen")
5. Aktuelle(r) Spieler beginnen/beginnt (nacheinander) Aufgabe
6. Punkte ermitteln und Zug damit beenden
7. Nächste Runde (inkl. Spielleiterwechsel)

Spiel 5:
Anleitung

Zu Beginn vollzieht jeder Spieler einen Würfel-Wurf. Die Person mit der höchsten Augenzahl wird als erster Spielleiter festgelegt. Die Person mit der niedrigsten Augenzahl ist der erste Spieler. Der Spielleiter sowie der Spieler wechseln mit jeder erfüllten Aufgabe im Uhrzeigersinn und übergeben Ihre jeweilige Rolle an die Person links von ihm/ihr. Der erste Würfel-Wurf des Spielers wird mit 10 multipliziert und stellt nun das Zeitfenster zur Lösung der Aufgabe in Sekunden dar. Die Aufgabennummer wird aus dem zweiten (siehe Liste „Aufgaben") und das Schlüsselwort mit dem dritten Wurf (siehe Liste „Optionen") ermittelt.

⚀ Beispiel (mit einem Würfel):
Der Spieler würfelt beim ersten Wurf eine 4. Der Spielleiter teilt dem Spieler mit, dass dieser nun 40 Sekunden Zeit zur Lösung der bevorstehenden Aufgabe hat. Anschließend würfelt der Spieler zwei weitere Male (z.B. eine 5 und eine 1). Entsprechend der Reihenfolge der gewürfelten Werte stellt der Spielleiter dem Spieler nun die Aufgabe: 451. Das Schlüsselwort wird im Anschluss durch den Spieler mit 2 Würfeln ermittelt (z.B. 6 und 5 → Schlüsselwort 65). Ist die Aufgabe innerhalb des Zeitfensters erfüllt, so erhält der Spieler 1 Punkt. Der Zug ist beendet.

⚀ ⚀ ⚁ Beispiel (mit drei Würfeln):
Sofern den Teilnehmern drei Würfel zum Spielen zur Verfügung stehen sollten, kann der Wurf für die Zeit und Aufgabe in einem Zug vorgenommen werden. Die Zahlenfolge, für die zu ermittelnde Aufgabe, ergibt sich aus der Leserichtung des aktuellen Spielleiters (von links nach rechts).

⚀ ⚀ ⚀ Pasch:
Würfelt der Spieler einen Pasch (also z.B. 3-3-3), so wird die gestellte Aufgabe zurückgegeben und alle Teilnehmer (inkl. dem Spielleiter) - außer dem Spieler selbst, der den Pasch gewürfelt hat - müssen abwechselnd die Aufgabe lösen. Für jede Antwort, die durch einen Teilnehmer korrekt gegeben wird, erhält der Spieler 0,5 Punkte. Für jede NICHT gegebene Antwort je Teilnehmer erhält der Spieler 1 Punkt.

3   +99

⚀ ⚁ ⚂ Straße:
Sofern beim Würfel-Wurf für die Aufgabenermittlung für den Spieler eine Zahlenkombination entsteht, die aufeinander aufbauend aneinandergereiht werden kann - unabhängig der Reihenfolge der jeweiligen Würfe (z.B. 3-4-5 / 3-5-4 oder 4-3-5 / 4-5-3 oder 5-3-4 / 5-4-3) - hat der Spieler eine Straße. Die an den Spieler gerichtete Aufgabe darf nun an einen Teilnehmer seiner/ihrer Wahl, inkl. dem aktuellen Spielleiter, abgegeben werden. Für eine gegebene Antwort erhält der Spieler 2 Punkte. Für eine NICHT gegebene Antwort erhält der Spieler 4 Punkte.

15   +120

Einen Pasch oder eine Straße zu erkennen, obliegt einzig und allein dem aktuellen Spieler. Verpasst dieser die Möglichkeit, wird normal weitergespielt. Eine Beschwerde im Nachgang oder ein ungültiger Wurf (z.B. Würfel fallen vom Tisch runter) kosten den Spieler jeweils 1 Punkt. (Siehe weitere Spielmöglichkeit (Variante 3) auf der nächsten Seite)

Variante 1: Runden-Spiel (kurze Spielzeit)
Das Spiel endet, sobald 10 Runden gespielt wurde. Jeder Spieler muss dabei mindestens einmal Spieler oder Spielleiter gewesen sein. Der Spieler, mit der höchsten Punktzahl am Ende, gewinnt.

Variante 2: Lebenspunkte (mittlere Spielzeit)
Jeder Spieler verfügt über eine vorher festgelegte Anzahl von Lebenspunkten. Die Lebenspunkte pro Teilnehmer richtet sich nach der Teilnehmerzahl (z.B. 6 Teilnehmer = 6 Lebenspunkte pro Person). Für jede vom Spieler gelöste Aufgabe erhält dieser 1 Lebenspunkt dazu - alle anderen Teilnehmer erhalten 1 Lebenspunkt Abzug. Eine ungelöste Aufgabe führt zu einem Abzug von 1 Lebenspunkt beim Spieler, die Teilnehmer behalten ihren Punktestand hingegen bei. Sobald alle Teilnehmer, bis auf einen, alle Lebenspunkte verspielt haben, ist das Spiel vorbei. Wer während des Spielens alle Lebenspunkte verbraucht hat, scheidet aus dem Spiel aus. Die Rolle des Spielers und Spielleiters kann nur von aktiven Spielern wahrgenommen werden.

Ergänzungsregel: Rotation (mittlere Spielzeit)
Unabhängig, ob Variante 1 oder 2 gespielt wird, besteht die Möglichkeit, beim Wurf eines Pasch oder einer Straße durch den Spieler, einen Tausch der Rollen vorzunehmen. Wird also eine 3-3-3 gewürfelt gelten zwar weiterhin die zuvor genannten Sonderregeln, allerdings wird im Anschluss der Spieler zum neuen Spielleiter und der Spielleiter zum neuen Spieler. Diese Variante schafft eine nicht kalkulierbare Dynamik des Spielverlaufs.

Ergänzungsregel: Wetteinsätze platzieren (höherer Stresslevel)
Es besteht die Möglichkeit, dass alle Teilnehmer (außer dem Spielleiter) pro Zug auf den jeweiligen Spieler Wetteinsätze platzieren. Der Spielleiter liest hierfür zunächst nur die Aufgabe vor, legt aber das dazugehörige Schlüsselwort (rechte Spalte neben Aufgabe) noch nicht offen. Für das Spiel bietet sich der Einsatz von Punkten bzw. Lebenspunkten an. Pro Zug dürfen max. 0,5 (Lebens-)punkte pro Teilnehmer eingesetzt werden, ob die Aufgabe korrekt gelöst oder falsch gelöst wird. Liegt der wettende Teilnehmer richtig, erhält der Teilnehmer den doppelten Wert (1 Punkt) zurück. Liegt der Teilnehmer falsch verliert er seinen Einsatz (0,5 Punkte) vollständig. Weigert sich der aktuelle Spieler - der am Zug ist und auf den gesetzt wurde - die Aufgabe zu lösen, erhält der wettende Teilnehmer den vierfachen Wert (2 Punkte) zurück. Der Zugzwang auf den aktuellen Spieler wird somit erhöht.

Hintergründe und Ziele des Spiels

Das Spiel ist darauf ausgelegt, den von Teilnehmern generierten, blanken Wahnsinn und Peinlichkeiten offenzulegen sowie deren kreatives Potential auszuschöpfen. Dabei ist es dem Spieler selbst überlassen, wie oder ob er mitarbeitet, Fragen beantwortet oder lügt, dass sich die Balken biegen. Eine vollständige Verweigerungshaltung wird allerdings dazu führen, dass der Spieler schnell aus dem Spiel ausscheidet. Durch die zeitliche Rundenbegrenzung auf max. 60 Sekunden pro Runde entstehen für jeden Teilnehmer nur sehr kurze Wartezeiten, bis man selbst wieder am Zug ist. Egal ob als Spieler oder Spielleiter – der Spass ist auf allen Seiten zu finden.

Spiel 5: Aufgaben
(2. Wurf)

Nr.	Aufgabe	Schlüsselwort
1 1 1	Nenne eine Sache, die du an einer Person in dieser Runde (...)	hasst
1 1 2	Bilde einen schlüssigen Satz inkl. dem Schlüsselwort (...)	Tabelle 1
1 1 3	Nenne 3 Worte zum Schlüsselwort mit dem Anfangsbuchstaben B	Tabelle 2
1 1 4	Deute auf eine Person, der du am ehesten (...) zutrauen würdest und damit auch davonkommen würde und sage warum	einen Mord
1 1 5	Nenne eine Position / Stellung / Haltung zum Thema (...)	Tabelle 2
1 1 6	Nenne 3 Worte zum Schlüsselwort mit dem Anfangsbuchstaben S	Tabelle 2
1 2 1	Nenne einen unerfüllten Wunsch, in Verbindung mit dem Thema (...)	Tabelle 2
1 2 2	Bilde einen fiktiven, jedoch schlüssigen Film-Titel zum Thema (...)	Tabelle 2
1 2 3	Nenne eine Person aus eurem Bekanntenkreis, die du definitiv (...)	nicht magst
1 2 4	Nenne eine Sache, die du an einer Person in dieser Runde (...) findest	Tabelle 1
1 2 5	Leere dein Trinkglas in (...) Zug	1
1 2 6	Bilde einen schlüssigen Satz mit mind. 3 Buchstaben zum Thema (...)	Tabelle 2
1 3 1	Bilde einen fiktiven, jedoch schlüssigen Film-Titel zum Thema (...)	Tabelle 1
1 3 2	Beleidige deinen direkten Gegenüber (...) mit exakt 3 Wörtern	Tabelle 1
1 3 3	Sage klar und deutlich das Alphabet von A bis Z auf	vorwärts
1 3 4	Nenne eine Person aus eurem Bekanntenkreis, die du (...) findest	Tabelle 1
1 3 5	Nenne eine Sache, die du (...) findest und sage warum	Tabelle 1
1 3 6	Zeige dem Spielleiter stillschweigend, was du ihm gegenüber schon immer mal gerne mit nur (...) ausdrücken wolltest	einer Hand
1 4 1	Nenne eine bekannte Person zum Thema (...)	verzehrst
1 4 2	Nenne 3 Worte zum Schlüsselwort mit dem Anfangsbuchstaben S	Tabelle 2
1 4 3	Beschreibe stillschweigend mit den Händen das Thema (...)	Tabelle 2
1 4 4	Nenne eine Person aus eurem Bekanntenkreis, die du (...) findest	Tabelle 1
1 4 5	Nenne eine Sache, die du getan hast, zum Thema (...)	Tabelle 1
1 4 6	Gewinne (...) Partien Schnik-Schnak-Schnuk gegen deinen Gegenüber	3
1 5 1	Nenne eine Sache, die du nie getan hast, zum Thema (...)	Tabelle 2
1 5 2	Nenne 3 Worte zum Schlüsselwort mit dem Anfangsbuchstaben E	Tabelle 2
1 5 3	Bilde einen fiktiven, jedoch schlüssigen Film-Titel zum Thema (...)	Tabelle 2
1 5 4	Nenne einen unerfüllten Wunsch, in Verbindung mit dem Thema (...)	Tabelle 2
1 5 5	Nenne ein Verbrechen zum Thema (...)	Tabelle 2
1 5 6	Gewinne (...) Partien Schnik-Schnak-Schnuk gegen deinen Gegenüber	3
1 6 1	Bezichtige eine Person aus eurem Umfeld (...) zu sein und sage warum	Tabelle 1
1 6 2	Deute auf eine Person in der Runde, die du am wenigsten (...) findest	Tabelle 1
1 6 3	Nenne eine Person, aus eurem engen Umfeld, die du (...) findest	Tabelle 1
1 6 4	Nenne eine Krankheit, die in Verbindung zum Thema (...) steht	Tabelle 2
1 6 5	Deute auf eine Person in der Runde, die am häufigsten (...) ist	Tabelle 1
1 6 6	Was fällt dir beim Anblick deines direkten Gegenüber zum Thema (...) ein. Antworte mit mind. 3 Worten.	Tabelle 2

Aufgaben:
(2. Wurf)

Nr.	Aufgabe	Schlüsselwort
2 1 1	Nenne 3 Orte, die zum Thema (...) passen	Tabelle 2
2 1 2	Deute auf einen Teilnehmer, dem du das gelegentlich zutraust (...)	Tabelle 3
2 1 3	Nenne 3 Dinge, die für das Thema (...) zwingend erforderlich sind	Tabelle 3
2 1 4	Nenne 3 grundlegende Ursachen oder Motive für das Thema (...)	Tabelle 2
2 1 5	Nenne 3 Worte zum Schlüsselwort mit dem Anfangsbuchstaben H	Tabelle 2
2 1 6	Nenne 3 Orte zum Thema (...)	Tabelle 2
2 2 1	Bilde einen schlüssigen Satz aus den Worten der Tabellen (...)	1 & 3
2 2 2	Nenne eine Sache, die du an einer Person in dieser Runde (...) findest	Tabelle 1
2 2 3	Löse die Aufgabe (max. 1 Antwort gültig): 25 : 5 * 5 : 5 * 2 : 2 : 5 =	1
2 2 4	Zeige jedem Spieler stillschweigend, was du ihm gegenüber schon immer mal gerne mit nur einer Hand ausdrücken wolltest (...)	Geste
2 2 5	Buchstabiere das Schlüsselwort (...)	rückwärts
2 2 6	Was fällt dir beim Anblick deines direkten Gegenüber zum Thema (...) ein. Antworte mit mind. 2 Sätzen.	Tabelle 2
2 3 1	Löse die Aufgabe (max. 1 Antwort gültig): (25 * 5 : 25) + (25 : 5) =	6
2 3 2	Löse die Aufgabe (max. 1 Antwort gültig): 25 * 2 * 2 : 50 + 23 =	25
2 3 3	Bilde einen schlüssigen Satz aus den Worten der Tabellen (...)	2 & 3
2 3 4	Beleidige deinen direkten Gegenüber (...) mit exakt 3 Wörtern	Tabelle 1
2 3 5	Löse die Aufgabe (max. 1 Antwort gültig): (25 – 5) : 5 + 20 : 5 =	8
2 3 6	Gewinne (...) Partien Schnik-Schnak-Schnuk gegen deinen Gegenüber	5
2 4 1	Bezichtige eine Person aus eurem Umfeld (...) zu sein und sage warum	Tabelle 1
2 4 2	Nenne 3 Orte, die zum Thema (...) passen	Tabelle 3
2 4 3	Zeige jedem Spieler stillschweigend, was du ihm gegenüber schon immer mal gerne mit nur einer Hand ausdrücken wolltest (...)	Geste
2 4 4	Deute auf einen Teilnehmer, dem du das gelegentlich zutraust (...)	Tabelle 3
2 4 5	Löse die Aufgabe (max. 1 Antwort gültig): 25 * 5 : 25 + 25 : 5 =	10
2 4 6	Bilde einen schlüssigen Satz aus den Worten der Tabellen (...)	1 & 3
2 5 1	Deute auf einen Teilnehmer, der das schon einmal gemacht hat (...)	Tabelle 3
2 5 2	Buchstabiere das Schlüsselwort (...)	rückwärts
2 5 3	Deute auf einen Teilnehmer, dem du das gelegentlich zutraust (...)	Tabelle 3
2 5 4	Gewinne (...) Partien Schnik-Schnak-Schnuk gegen deinen Gegenüber	5
2 5 5	Nenne 4 Wörter, die sich reimen auf (...)	Tabelle 2
2 5 6	Löse die Aufgabe (max. 1 Antwort gültig): 25 : 5 : 5 + 24 - 5 =	20
2 6 1	Nenne 4 Worte zum Schlüsselwort mit dem Anfangsbuchstaben N	Tabelle 2
2 6 2	Zeige jedem Spieler stillschweigend, was du ihm gegenüber schon immer mal gerne mit nur einer Hand ausdrücken wolltest (...)	Geste
2 6 3	Bilde einen schlüssigen Satz aus den Worten der Tabellen (...)	1 & 2
2 6 4	Deute auf einen Teilnehmer, der das schon einmal gemacht hat (...)	Tabelle 3
2 6 5	Nenne 4 Wörter, die sich reimen auf (...)	Tabelle 3
2 6 6	Nenne 3 grundlegende Ursachen oder Motive für das Thema (...)	Tabelle 3

Aufgaben:
(2. Wurf)

Nr.	Aufgabe	Schlüsselwort
3 1 1	Wähle einen Teilnehmer und zieh ihm (...) Mal an den Ohren	3
3 1 2	Nenne exakt 3 Dinge, die Gegenteiliges darstellen von (...)	Tabelle 2
3 1 3	Nenne 3 Gründe, warum das Thema an dir vorbeigegangen ist (...)	Tabelle 2
3 1 4	Halte (...) Sekunden die Luft an	30
3 1 5	Nenne 6 Wörter, die sich reimen auf (...)	Tabelle 3
3 1 6	Würfel gegen einen Teilnehmer deiner Wahl. Höchste Augenzahl (...)	gewinnt
3 2 1	Balanciere für 30 Sekunden auf einem Bein und sag dabei mind. 5 (...) Wörter in alphabetischer Reihenfolge	Tabelle 1
3 2 2	Nenne ein Musik-Stück, in dem dieses Wort sinngemäß vorkommt (...)	Tabelle 2
3 2 3	Gib dir (...) leichte Klatscher auf die rechte Wange	50
3 2 4	Bilde einen schlüssigen Satz aus den Worten der Tabellen (...)	1 - 3
3 2 5	Nenne 5 Orte, die zum Thema (...) passen	Tabelle 2
3 2 6	Mach eine Rolle (...) am Boden	vorwärts
3 3 1	Nenne 3 Filme, in denen das Thema im Fokus steht (...)	Tabelle 2
3 3 2	Benenne das Geburtsjahr von allen Teilnehmern der aktuellen Runde	exakt
3 3 3	Bilde einen schlüssigen Satz aus den Worten der Tabellen (...)	1 - 3
3 3 4	Gewinne (...) Partien Schnik-Schnak-Schnuk gegen deinen Gegenüber	7
3 3 5	Nenne 6 Wörter, die sich reimen auf (...)	Tabelle 1
3 3 6	Balanciere für 30 Sekunden auf einem Bein und sag dabei mind. 10 (...) Wörter in alphabetischer Reihenfolge	Tabelle 1
3 4 1	Was fällt dir beim Anblick deines direkten Gegenüber zum Thema (...) ein. Antworte mit mind. 2 Sätzen.	Tabelle 2
3 4 2	Zeige jedem Spieler stillschweigend, was du ihm gegenüber schon immer mal gerne mit nur einer Hand ausdrücken wolltest (...)	Geste
3 4 3	Löse die Aufgabe (max. 1 Antwort gültig): 25 * 5 : 25 + 25 : 25 * 6 =	6
3 4 4	Gewinne (...) Partien Schnik-Schnak-Schnuk gegen deinen Gegenüber	7
3 4 5	Nenne 3 Gründe, warum das Thema an dir vorbeigegangen ist (...)	Tabelle 2
3 4 6	Deute auf 2 Teilnehmer, die das schon einmal gemacht haben (...)	Tabelle 2
3 5 1	Nenne 7 Marken / Sorten / Varianten von (...)	Spirituosen
3 5 2	Sage klar und deutlich das Alphabet auf	rückwärts
3 5 3	Bilde einen schlüssigen Satz aus den Worten der Tabellen (...)	1 - 3
3 5 4	Nenne 3 Filme, in denen das Thema im Fokus steht (...)	Tabelle 3
3 5 5	Nenne exakt 3 Dinge, die Gegenteiliges darstellen von (...)	Tabelle 3
3 5 6	Würfel gegen einen Teilnehmer deiner Wahl. Höchste Augenzahl (...)	verliert
3 6 1	Mache (...) Kniebeugen	3
3 6 2	Benenne das Geburtsjahr von allen Teilnehmern der aktuellen Runde	exakt
3 6 3	Nenne ein Musik-Stück, in dem dieses Wort sinngemäß vorkommt (...)	Tabelle 2
3 6 4	Wähle einen Teilnehmer und gib ihm (...) Küsschen auf die Wange	3
3 6 5	Bilde einen schlüssigen Satz aus den Worten der Tabellen (...)	Tabelle 1 - 3
3 6 6	Nenne 3 Filme, in denen das Thema im Fokus steht (...)	Tabelle 1

Aufgaben:
(2. Wurf)

Nr.	Aufgabe	Schlüsselwort
4 1 1	Verrate ein Geheimnis, von dem mind. (...) Teilnehmer nichts wussten	1
4 1 2	Nenne 4 Wörter, die sich reimen auf (...)	Tabelle 1
4 1 3	Buchstabiere alle Schlüsselwörter der Tabellen (...) rückwärts	1 - 3
4 1 4	Nenne 7 Orte zum Thema (...)	Tabelle 2
4 1 5	Nenne 5 Worte zum Schlüsselwort mit dem Anfangsbuchstaben M	Tabelle 1
4 1 6	Zeige jedem Spieler stillschweigend, was du ihm gegenüber schon immer mal gerne mit nur einer Hand ausdrücken wolltest (...)	Geste
4 2 1	Zeige allen Teilnehmern die letzten (...) Fotos auf deinem Smartphone	20
4 2 2	Nenne 4 Filme, in denen das Thema im Fokus steht (...)	Tabelle 2
4 2 3	Entwickle eine Kurz-Geschichte mit „Es war einmal...", die mind. einen Teilnehmer der Runde und folgende Tabelleninhalte beinhaltet (...)	Tabelle 1 & 3
4 2 4	Benenne das Geburtsjahr von allen Teilnehmern der aktuellen Runde	exakt
4 2 5	Beschreibe deinen letzten (...) mit mind. 5 Adjektiven	Stuhlgang
4 2 6	Wähle einen Teilnehmer und gib ihm (...) Küsschen auf die Wange	4
4 3 1	Gewinne (...) Partien Schnik-Schnak-Schnuk gegen deinen Gegenüber	9
4 3 2	Balanciere für 40 Sekunden auf einem Bein und sag dabei mind. 7 (...) Wörter in alphabetischer Reihenfolge	Tabelle 1
4 3 3	Nenne exakt 4 Dinge, die Gegenteiliges darstellen von (...)	Tabelle 3
4 3 4	Wähle einen Teilnehmer und zieh ihm (...) Mal an den Ohren	4
4 3 5	Beleidige deinen direkten Gegenüber (...) mit exakt 5 Wörtern	Tabelle 1
4 3 6	Sage klar und deutlich das Alphabet von A bis Z auf	Rückwärts
4 4 1	Nenne 4 Gründe, warum das Thema an dir vorbeigegangen ist (...)	Tabelle 2
4 4 2	Mache (...) Liegestütze	3
4 4 3	Nenne 4 Dinge, die für das Thema (...) zwingend erforderlich sind	Tabelle 2
4 4 4	Beschreibe deinen letzten (...) mit „Er war..." mit mind. 10 Adjektiven	Stuhlgang
4 4 5	Nenne 4 Filme, in denen das Thema im Fokus steht (...)	Tabelle 1
4 4 6	Halte (...) Sekunden die Luft an	40
4 5 1	Benenne das Geburtsjahr von allen Teilnehmern der aktuellen Runde	exakt
4 5 2	Würfel gegen einen Teilnehmer deiner Wahl. Höchste Augenzahl (...)	gewinnt
4 5 3	Schließe deine Augen und errate die exakte Zahl der Finger, die auf dich zeigen, weil die Teilnehmer behaupten, es trifft auf dich zu (...)	Tabelle 1
4 5 4	Zeige jedem Spieler stillschweigend, was du ihm gegenüber schon immer mal gerne mit nur einer Hand ausdrücken wolltest (...)	Geste
4 5 5	Nenne 4 Gründe, warum das Thema absolut nicht deins ist (...)	Tabelle 3
4 5 6	Nenne eine Sache, bei der du (...) hast und sage warum	gelogen
4 6 1	Nenne 4 Dinge, die für das Thema (...) zwingend erforderlich sind	Tabelle 1
4 6 2	Gewinne (...) Partien Schnik-Schnak-Schnuk gegen deinen Gegenüber	9
4 6 3	Nenne 4 Filme, in denen das Thema im Fokus steht (...)	Tabelle 3
4 6 4	Zeige allen Teilnehmern die letzten (...) Fotos auf deinem Smartphone	20
4 6 5	Nenne 4 Gründe, warum das Thema absolut nicht deins ist (...)	Tabelle 3
4 6 6	Nenne exakt 4 Dinge, die Gegenteiliges darstellen von (...)	Tabelle 2

Aufgaben:
(2. Wurf)

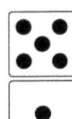

Nr.	Aufgabe	Schlüsselwort
5 1 1	Zeig dem Sitzpartner neben dir deine letzten (...) Nachrichtenverläufe	5
5 1 2	Entwickle eine Kurz-Geschichte mit „Es war einmal...", die mind. einen Teilnehmer der Runde und folgende Tabelleninhalte beinhaltet (...)	Tabelle 2 & 3
5 1 3	Deute auf 3 Teilnehmer, die das nun am ehesten tun möchten (...)	Tabelle 2
5 1 4	Beschreibe deinen letzten (...) mit „Er war..." mit mind. 10 Adjektiven	Stuhlgang
5 1 5	Verrate ein Geheimnis, von dem mind. (...) Teilnehmer nichts wussten	2
5 1 6	Sag etwas, das (...) ist, mit exakt 5 Worten	Tabelle 1
5 2 1	Buchstabiere alle Schlüsselwörter der Tabellen (...) rückwärts	Tabelle 1 - 3
5 2 2	Gewinne (...) Partien Schnik-Schnak-Schnuk gegen deinen Gegenüber	12
5 2 3	Zeige allen Teilnehmern die letzten (...) Fotos auf deinem Smartphone	25
5 2 4	Sag etwas, das (...) ist, mit exakt 5 Worten	Tabelle 1
5 2 5	Würfel gegen einen Teilnehmer deiner Wahl. Höchste Augenzahl (...)	verliert
5 2 6	Nenne 5 Filme, in denen das Thema im Fokus steht (...)	Tabelle 2
5 3 1	Wähle einen Teilnehmer und gib ihm (...) Küsschen auf die Wange	5
5 3 2	Nenne 5 Dinge, die für das Thema (...) zwingend erforderlich sind	Tabelle 2
5 3 3	Wähle einen Teilnehmer und zieh ihm (...) Mal an den Ohren	4
5 3 4	Zeige jedem Spieler stillschweigend, was du ihm gegenüber schon immer mal gerne mit nur einer Hand ausdrücken wolltest (...)	Geste
5 3 5	Nenne exakt 5 Dinge, die Gegenteiliges darstellen von (...)	Tabelle 3
5 3 6	Sag etwas, das (...) ist, mit exakt 5 Worten	Tabelle 1
5 4 1	Gewinne (...) Partien Schnik-Schnak-Schnuk gegen deinen Gegenüber	12
5 4 2	Nenne ein Film-Zitat, das zum Thema passt (...)	Tabelle 3
5 4 3	Entwickle eine Kurz-Geschichte mit „Es war einmal...", die mind. einen Teilnehmer der Runde und folgende Tabelleninhalte beinhaltet (...)	Tabelle 1 - 3
5 4 4	Nenne 5 Filme, in denen das Thema im Fokus steht (...)	Tabelle 1
5 4 5	Halte (...) Sekunden die Luft an	50
5 4 6	Beleidige deinen direkten Gegenüber (...) mit exakt 5 Wörtern	Tabelle 1
5 5 1	Zeige allen Teilnehmern die letzten (...) Fotos auf deinem Smartphone	25
5 5 2	Deute auf 2 Teilnehmer, die das nun am ehesten tun möchten (...)	Tabelle 3
5 5 3	Beschreibe deine letzte (...) mit „Sie war..." mit mind. 10 Adjektiven	Beziehung
5 5 4	Nenne 5 Dinge, die für das Thema (...) zwingend erforderlich sind	Tabelle 3
5 5 5	Nenne 7 Filme, in denen das Thema im Fokus steht (...)	Tabelle 3
5 5 6	Nenne 5 Filme, in denen das Thema im Fokus steht (...)	Tabelle 3
5 6 1	Beschreibe deine letzte (...) mit „Sie war..." mit mind. 7 Adjektiven	Nacht
5 6 2	Zeig dem Sitzpartner neben dir deine letzten (...) Nachrichtenverläufe	5
5 6 3	Nenne 5 Gründe, warum das Thema absolut nicht deins ist (...)	Tabelle 3
5 6 4	Beschreibe deine letzte (...) mit „Sie war..." mit mind. 7 Adjektiven	Nacht
5 6 5	Entwickle eine Kurz-Geschichte mit „Es war einmal...", die mind. einen Teilnehmer der Runde und folgende Tabelleninhalte beinhaltet (...)	Tabelle 1 - 3
5 6 6	Bilde (...) Sätze die beginnen mit „Ich bin was Besonderes, weil ich..."	5

Aufgaben:
(2. Wurf)

Nr.	Aufgabe	Schlüsselwort
6 1 1	Schnippe (...) Mal mit den Fingern	75
6 1 2	Beschreibe deine letzte (...) mit „Sie war..." mit mind. 7 Adjektiven	Nacht
6 1 3	Setz für (...) Sekunden ein fieses Grinsen auf und halte die Grimasse	60
6 1 4	Bilde (...) Sätze die beginnen mit „Ich bin oft dämlich, weil ich..."	5
6 1 5	Deute auf 3 Teilnehmer, die das nun am ehesten tun möchten (...)	Tabelle 3
6 1 6	Nenne von mind. (...) Teilnehmer den Zweitnamen, von dem du glaubst, dass ihn mind. 1 weiterer Teilnehmer nicht kennt	1
6 2 1	Nenne 5 Filme, in denen das Thema im Fokus steht (...)	Tabelle 2
6 2 2	Zeig dem Sitzpartner neben dir deine letzten (...) Nachrichtenverläufe	6
6 2 3	Entwickle eine Kurz-Geschichte mit „Es war einmal...", die mind. einen Teilnehmer der Runde und folgende Tabelleninhalte beinhaltet (...)	Tabelle 1 - 3
6 2 4	Wähle einen Teilnehmer und zieh ihm (...) Mal an den Ohren	6
6 2 5	Zeige jedem Spieler stillschweigend, was du ihm gegenüber schon immer mal gerne mit nur einer Hand ausdrücken wolltest (...)	Geste
6 2 6	Sprich „Zehn zahme Ziegen zogen zehn Zentner Zucker zum Zoo" (...)	Rückwärts
6 3 1	Sag etwas, das (...) ist, mit exakt 7 Worten	Tabelle 1
6 3 2	Wähle einen Teilnehmer und gib ihm (...) Küsschen auf die Wange	6
6 3 3	Nenne 6 Dinge, die für das Thema (...) zwingend erforderlich sind	Tabelle 2
6 3 4	Gewinne (...) Partien Schnik-Schnak-Schnuk gegen deinen Gegenüber	9
6 3 5	Verrate ein Geheimnis, von dem mind. (...) Teilnehmer nichts wussten	2
6 3 6	Nenne 5 Gründe, warum das Thema absolut nicht deins ist (...)	Tabelle 3
6 4 1	Nenne ein Film-Zitat, das zum Thema passt (...)	Tabelle 3
6 4 2	Stehe (...) Sekunden auf einem Bein	60
6 4 3	Deute auf 3 Teilnehmer, die das nun am ehesten tun möchten (...)	Tabelle 3
6 4 4	Verrate ein Geheimnis, von dem mind. (...) Teilnehmer nichts wussten	2
6 4 5	Beleidige deinen direkten Gegenüber (...) mit exakt 6 Wörtern	Tabelle 1
6 4 6	Nenne 6 Filme, in denen das Thema im Fokus steht (...)	Tabelle 3
6 5 1	Bilde (...) Sätze die beginnen mit „Ich bin was Besonderes, weil ich..."	5
6 5 2	Nenne 5 Dinge, die für das Thema (...) zwingend erforderlich sind	Tabelle 3
6 5 3	Zeig dem Sitzpartner neben dir deine letzten (...) Nachrichtenverläufe	6
6 5 4	Sprich „Zehn zahme Ziegen zogen zehn Zentner Zucker zum Zoo" (...)	Rückwärts
6 5 5	Beschreibe deinen letzten (...) mit „Er war..." mit mind. 7 Adjektiven	Kuss
6 5 6	Bilde (...) Sätze die beginnen mit „Ich bin dämlich, weil ich..."	5
6 6 1	Nenne 6 Dinge, die für das Thema (...) zwingend erforderlich sind	Tabelle 2
6 6 2	Sag etwas, das (...) ist, mit exakt 7 Worten	Tabelle 1
6 6 3	Entwickle eine Kurz-Geschichte mit „Es war einmal...", die mind. einen Teilnehmer der Runde und folgende Tabelleninhalte beinhaltet (...)	Tabelle 1 - 3
6 6 4	Nenne 5 Filme, in denen das Thema im Fokus steht (...)	Tabelle 1
6 6 5	Sei zu allen Teilnehmern (...) mit exakt 6 Wörtern	Tabelle 1
6 6 6	Sei zu allen Teilnehmern (...) mit exakt 6 Wörtern	Tabelle 1

Spiel 5: Optionen
(3. Wurf)

Wurf	Tabelle 1 (Adjektive)	Tabelle 2 (Nomen)	Tabelle 3 (Verben)
11	☺	☺	☺
12	versaut	Beleidigung	poppen
13	pervers	Selbstbefriedigung	stehlen
14	krank	Bordell	lügen
15	hart	Horrorfilm	schlachten
16	legendär	Erotik	jagen
21	traurig	Rassismus	kastrieren
22	versaut	Schimpfwort	torpedieren
23	dumm	Alkohol	saufen
24	liebevoll	Sex-Unfall	einklemmen
25	lustig	Krankheit	lecken
26	peinlich	Sadomaso	kratzen
31	verrückt	Witz	sterben
32	ehrlich	Freund/-in	schlagen
33	☺	☺	☺
34	wahr	Partner/-in	trainieren
35	gelogen	Arbeit	pausieren
36	fiktiv	Mobbing	ballern
41	kaputt	Körperflüssigkeit	stopfen
42	frech	Orangenhaut	vernebeln
43	brutal	Tod	skalpieren
44	erotisch	Mord	fesseln
45	tragisch	Prostituierte	urinieren
46	demütig	Lady-Boy	reiten
51	kindlich	Penislänge	untertreiben
52	intim	Brustvergrößerung	kapitulieren
53	beleidigend	Altersflecken	beerdigen
54	opferreich	Porno	stinken
55	☺	☺	☺
56	märchenhaft	Unfall	kotzen
61	mathematisch	Ex-Freund/-in	jagen
62	böse	Verbrechen	anvisieren
63	realistisch	Freund	stürzen
64	sadomasochistisch	Chef/-in	berühren
65	devot	Berühmte Person	fangen
66	blutig	Sex	drehen

☺ = Das Wort darf frei vom aktuellen Spieler gewählt werden

Spiel 5: Spiel-Blatt

Teilnehmer/-in	P_{Beginn}	R01	R02	R03	R04	R05	R06	R07	R08	R09	R10	P_{Ende}

P = Punkte (zu Beginn oder Ende),
R = Runde

Spiel-Blatt:

Teilnehmer/-in	P_{Beginn}	R01	R02	R03	R04	R05	R06	R07	R08	R09	R10	P_{Ende}

P = Punkte (zu Beginn oder Ende),
R = Runde

Spiel-Blatt:

Teilnehmer/-in	P_{Beginn}	R01	R02	R03	R04	R05	R06	R07	R08	R09	R10	P_{Ende}

P = Punkte (zu Beginn oder Ende),
R = Runde

Spiel-Blatt:

Teilnehmer/-in	P_{Beginn}	R01	R02	R03	R04	R05	R06	R07	R08	R09	R10	P_{Ende}

P = Punkte (zu Beginn oder Ende),
R = Runde

Abschlusskommentar des Autors:

Ich möchte mich bei Ihnen, dem Leser, noch einmal vielmals für Ihr Interesse an diesem Werk bedanken und hoffe, Sie hatten mindestens ebenso viel Spaß beim Lesen wie ich beim Schreiben.

Wenn Sie mir oder anderen Beteiligten Anregungen oder einen Kommentar zukommen lassen, Vorschläge unterbreiten oder Kritik äußern möchten, so bieten wir Ihnen hierzu gerne die Gelegenheit:

unter:
https://www.wesmoriarty.de
https://www.facebook.com/wesmoriarty
https://www.facebook.com/wesmoriarty.eviljokes

Vielen Dank und bis zum nächsten Mal

Ihr

Moriarty - Self - Publishing